第三者承継の教科書

中小企業の
新しい
選択肢

一般財団法人
日本的M&A推進財団
理事長

白川正芳 著

日本法令

はじめに
～第三者承継（M&A）は未来につながる「企業の出口」～

● 「第三者承継」を知って生まれた１億円の差

　製造業を営むＫ社長は不治の病に侵され、余命３年と告げられました。Ｋ社長には後継者がいません。会社には金融機関からの借入れがあり、社員に引き継いでもらうのも酷な話です。会社をたためばよいかもしれませんが、長年一緒に働いてきた熟練工と呼べる社員や、つい先日雇用した若い社員、小さな子供を抱えた社員、そしてその社員に生活を託している家族の未来を考えると、簡単な決断ではありません。ずっと懇意にしてきた取引先の仕事を減らすことにもなるし、社員が時折お昼を食べに行く定食屋さんも困るでしょう。

　とはいえ、病気になった今、Ｋ社長には会社をたたむということしか思い浮かびません。顧問税理士に相談をしたところ、借入れをすべて返済し、従業員には退職金を渡し、工場の機械を処分した場合、会社の資金だけでは足りず、社長個人の貯金から3,000万円程度を会社に入れなければならないと説明がありました。Ｋ社長は闘病生活を前に、家族への負担を考えると申し訳ない気持ちで胸が押しつぶされそうでした。

　ところが数カ月後、Ｋ社長は第三者承継という選択肢と出逢った結果、株式譲渡対価5,000万円と退職金約2,000万円を手にしていました。

　金額にして、その差「１億円」。

承継により会社の仕事は増えて業績は向上しました。従業員も仕事を失うことなく、むしろ福利厚生が充実しました。何より嬉しかったのは、父である先代から引き継いだ大切な技術を後世に残せたことです。数カ月前に覚悟した未来とはまったく異なる、奇跡のような現実が目の前にありました。

● なぜ？第三者承継が進まず、むしろ問題が起きるのか

　承継の有効な手段の一つでありながら第三者承継が思うように進まないばかりか、現場では下記のような深刻な問題が起きています。

> ・着手金目的で受注をした後は放置
> ・手数料を手にする為に売手と買手を強引に結びつける
> ・リスク説明が一切ないまま引き継いだため承継後に倒産する
> ・支援業者の都合で清算の機会を逃し、経営者が自己破産
> ・手数料の説明がないまま契約したため、譲渡後に1円も残らない

　これらはほんの一部で、もっと酷い話を枚挙にいとまがないほど耳にします。なぜこのような問題が起きているのでしょうか？
　原因は、小規模企業のM&Aについて体系立てた説明がなされていないことにあります。経営者もそれを支援する支援者も第三者承継について学ぶ機会がないから、結果として「経営者がリスクに対応できない」「支援者がどう支援をすれば良いのかわからない」という問題が起きてしまうのです。
　では、なぜ小規模企業のM&Aの体系立てた説明がないのでしょうか？それは、小規模企業のM&A支援が端的に言えば儲からないため、小規模企業に特化して支援する支援者が存在せず、ノウハウやツールが蓄積されてこなかったからです。

　私が理事長を務める一般財団法人日本的M&A推進財団は、2014年の設立以来、一貫して小規模企業の第三者承継支援を行ってきました。本書にはその事例とノウハウをまとめています。支援者がいないのであれば、経営者自らが学ぶかその支援を志す人が学ぶしかありません。「これまで事業を育

ててきた後継者のいない経営者」「後継者のいない事業を引継ぎ更なる成長
を目指す意欲のある経営者」「経営者を支える立場にある第三者承継の支援
を志す方」、皆さんに本書を手に取っていただき、それぞれの立場で日本の
未来に大切な会社を残すための教科書にしていただければ幸いです。

2023 年 1 月

白川正芳

《絶対に失敗しない支援者を選ぶ（経営者の責任)》

　　本書の資料編に会社の未来を託す支援者を見極めるためのチェックリスト M&A 編
（抜粋版）を収録しました。少なくとも、これから皆様が売手であれ買手であれ、依
頼する支援者をチェクして一つでも該当するものがあれば要注意です。また、支援者
の中に、ドキッとする人がいたら自らの思考と行動を改める必要があります。

　　読 者 限 定　「第三者承継 Weekly 講座」のご案内

本書の著者である白川正芳が、本書読者のためだけに特別に用意した
「無料7日間のメールマガジン講座」をご購読いただくことができます。
QR コードを読み取り、お申し込みください。

目　次

序　章　　小規模企業が直面する後継者問題を
　　　　　第三者承継（M&A）で解決する

1　「企業継続のための出口」とは？／14

2　M&Aという出口が抱える課題／14

3　負のスパイラルは既に始まっている…／16

4　第三者承継の価値を正しく伝えることが必要／17

5　士業を中心とするネットワークによる日本的M&Aが問題を解決する可能性がある／18

第1章　　実例に学ぶ第三者承継16のポイント

事例1　小さな個人事業でも実現できた第三者承継
　　　　〜年商2,000万円の牛乳宅配事業の第三者承継事例〜 …… 22

■　始まりは「3カ月後に廃業するよ」という電話／22

■　承継相手は見つかるのか？／23

■　承継相手が見つかった決定打は「Bルート商品」！／23

■　買手がN社の承継で手に入れたもの／24

　　📌 この事例から学ぶこと
　　　▶ ポイント1　確かな相談相手を日頃から探しておく／25
　　　▶ ポイント2　第三者承継の相手の見つけ方／25
　　　▶ ポイント3　企業概要書に自社の特徴をどこまで表現できるか／26

事例2　M&A戦略立案中に買いたい会社像が大転換！
　　　　〜創業130年の老舗かまぼこ店をIT企業が承継した理由〜… 27

■　SES事業を成長させるための同業者買収に向け、プロジェクト発足／27

■ 業界分析の末、同業者のM&Aは撤回／27

■ 新たな事業の柱を作るため、老舗かまぼこ製造販売事業の承継を決意／28

■ 24歳の女性社長を4代目に迎え、新事業発足！／29

  📌 この事例から学ぶこと

    ▶ ポイント1 プロジェクトチームでのM&A戦略立案が第三者承継成功の"要"／29

    ▶ ポイント2 廃業してからの後継者探しは困難／30

事例3 **主要取引先に受け入れられずM&A直後に8割の売上が消失**
〜仲介会社の言葉を鵜呑みにした買手の失敗〜……………32

■ クロージングまで2カ月の超スピードM&A／32

■ 病院理事長の激怒により8割の売上が消失の危機に／33

■ 譲渡対価6,000万円と仲介会社・DD業者への手数料2,000数
百万円が水の泡／34

  📌 この事例から学ぶこと

    ▶ ポイント1 支援者の言葉は絶対に鵜呑みにしない／35

    ▶ ポイント2 セカンドオピニオンの活用／36

事例4 **株価5億円の会社の承継に社員が挑戦**
〜約1年がかりで障害を乗り越え、産業廃棄物処理業の社員
承継を実現〜………………………………37

■ 社長引退を打ち明けられた社員が承継を希望／37

■ 譲渡側と譲受側双方で承継スキームを検討／38

■ 課題1：許認可の引継ぎ／39

■ 課題2：社員の引継ぎ／39

■ 課題3：譲渡対価の調達／40

■ 承継とは先代の事業の集大成／41

  📌 この事例から学ぶこと

    ▶ ポイント1 社員承継の場合も支援者を間に入れて進める／42

    ▶ ポイント2 譲渡スキームの決定は双方の共同作業／42

    ▶ ポイント3 社員承継や個人が承継する場合の社員の引継ぎに関する注意点／43

事例5 地方の小さな空調会社を東証一部上場企業が引き継ぎ、地元も大喜び
〜会長の魂の相手探しが地方都市活性化につながる道も拓く〜 … 44

■ 16社とのトップ面談を経ても決まらない承継対象企業／44
■ ついに会長の選定基準が判明／45
■ みんなの心が決まった社員説明会／46
■ 後日談／46
📌 この事例から学ぶこと
▶ ポイント1 トップ面談の事前準備／47
▶ ポイント2 社員説明会の開催について／47

事例6 病気で清算を決意した社長に取引先社長から承継の提案
〜世界シェア20％を支える高い技術ともども未来につながった事例〜 ……………………………………………… 49

■ 清算を知った取引先社長が引継ぎを申入れ／49
■ 社長も内心では清算を躊躇していた／50
■ 譲渡対価で社長の退職金も確保／50
■ 譲渡後も会社は順調に成長／50
📌 この事例から学ぶこと
▶ ポイント1 第三者承継の可能性に気づくのは誰でもいい／51
▶ ポイント2 直接交渉をしない／51
▶ ポイント3 依頼人の真のニーズを見抜く洞察力とそれに応える提案が求められる／52

事例7 最終合意目前でのマリッジブルーを乗り越え株式譲渡が成立
〜譲渡側経営者がためらいを見せたときの支援者の対応〜 … 53

■ トップ面談を終えて／53
■ 譲渡側経営者が必ずと言っていいほど陥るのが「マリッジブルー」／54
■ 基本合意の調印式で小規模M&Aの難しさを痛感／56

🐾 この事例から学ぶこと

▶ ポイント　譲渡側経営者は必ずマリッジブルーに陥る！　その時の対応は？／57

第2章　第三者承継 (M&A) の実務

はじめに：「全体の流れ」と「支援者の役割」‥‥‥‥‥‥‥ 60

1 第三者承継の全体の流れと期間／60

 (1)　全体の流れ／60

 (2)　期間／63

2 支援者が必要な理由と支援方式の種類／63

 (1)　売手・買手の直接交渉は避けた方がいい？／63

 (2)　支援者（専門家）を上手に活用する！／64

3 支援者の報酬の仕組みと注意点／67

 (1)　報酬の仕組み／67

 (2)　報酬を確認する際に押さえておくこと／68

4 実は使える、セカンドオピニオン／69

Process01　事前準備‥‥‥‥‥‥‥‥‥‥‥‥‥‥‥‥‥‥‥ 71

1 『買手側』が行う事前準備とは？／71

 (1)　起業や成長にM&A戦略を加えることが不可欠な理由／71

 (2)　買手のM&A戦略に必要なプロジェクトチーム／72

 (3)　M&Aを行う目的を明確にする／73

 (4)　専門家を上手に活用するための基礎知識を習得する／73

 (5)　既存事業の成長か、新たな事業の柱かを検討する／74

 (6)　現状分析の方法／74

2 第三者承継によるシナジーとは／74

3 『売手』の事前準備は早いほど良い！／77

 (1)　数年前からの準備／77

⑵　出口を第三者承継に決めてから行う準備／78

4 支援者との契約のポイント／81

5 売手は良い相手に出逢うために「ノンネームシート」を作成／82

⑴　ノンネームシート／83

⑵　企業概要書／84

⑶　支援者の役割／85

6 売手の譲渡スキームの考え方／85

⑴　「株式譲渡」又は「事業譲渡」に集約される理由／85

⑵　スキーム検討のタイミング／86

7 株式譲渡スキームの特徴と注意点／88

⑴　特徴／88

⑵　株主の権利／89

⑶　議決権所有割合と決議事項／89

⑷　株主名簿の確認／90

⑸　譲渡対価と税金について／91

8 事業譲渡スキームの特徴と注意点／92

⑴　社員の引継ぎ／93

⑵　商号の引継ぎ／94

⑶　競業避止義務／94

⑷　消費税の取扱い／94

9 売手の企業価値評価／95

⑴　売手と買手の評価のタイミング／95

⑵　企業を評価する場合の３つのアプローチ法／96

⑶　過去の実績評価／98

⑷　未来の可能性評価／99

Process02　**相手探し**……………………………………………………*102*

1 相手探しのプロセスと３つの方法／102

⑴　相手に見つけてもらうのを待つ方法と注意点／103

⑵　こちらから見つけに行く方法と注意点／103

(3) 支援者に依頼する方法と注意点／*106*

2 売手の相手探し／*107*

3 買手の相手探し／*109*

4 ネームクリアと秘密保持契約／*110*

(1) ネームクリア／*110*

(2) 秘密保持契約（NDA）／*111*

5 追加資料の請求とトップ面談／*113*

(1) 追加情報の要請／*113*

(2) トップ面談の注意点／*114*

6 買手の投資金額の妥当性をどう考えるか？／*116*

(1) EBITDAの活用方法／*116*

(2) 投資（M&A）金額の検証／*118*

7 買手が考える承継スキームの選択／*120*

(1) 承継後の組織形態をどうしたいか／*121*

(2) 簿外債務のリスクがどの程度あるか／*122*

(3) 承継する事業が許認可を要するか／*122*

(4) 自社の体力から見て投資額（希望譲渡対価）が妥当か／*122*

8 意向表明書には何を書く？／*123*

(1) M&Aの目的やM&A後の方針／*123*

(2) 譲受希望金額／*123*

(3) M&Aの方法（スキーム）／*123*

(4) 実行時期／*124*

(5) 従業員の処遇／*124*

(6) 役員の処遇／*124*

(7) 資金調達の方法／*124*

(8) その他／*124*

(9) 法的拘束力がないこと／*125*

Process03 譲渡条件の整理・検討………………………………126

1 売手が話を進める相手を１社に絞る２つの方法／126

　(1)　相対方式／126

　(2)　入札方式（ビット方式）／127

2 基本合意書を締結する目的／128

　(1)　独占交渉権を買手に付与する／129

　(2)　ディールプロテクション効果の獲得／129

　(3)　情報開示が可能になる／130

　(4)　諸条件を明文化する／130

　(5)　支援者は非弁行為に要注意／131

3 基本合意書への調印式を最大の山場にすべき！／132

　(1)　基本合意書への調印とは何か？／132

　(2)　最終契約ではなく基本合意書の調印式が山場な理由／132

　(3)　基本合意書への調印式でやること／133

Process04 クロージング………………………………………134

1 クロージングの全体の流れと支援者の役割／134

　(1)　最終契約までに取り組むこと／134

　(2)　支援者の役割／134

2 DDと表明保証の関係性を押さえる／136

3 DDの種類と流れ／138

　(1)　DDを実施する内容の検討／138

　(2)　事前準備／140

　(3)　実施当日／141

　(4)　報告、是正依頼、条件交渉／141

4 買手の資金調達／142

　(1)　どこから？／143

　(2)　いくら？／144

　(3)　調達しなければならない資金を減らす／144

5 情報開示の手順について／146

  (1) 情報開示について／146

  (2) 譲渡企業を取り巻く関係者の整理／146

  (3) 情報開示のタイミング／147

6 「最終契約書」確認のポイント／148

  (1) 譲渡対価や役員退職金、債務の弁済額等、詳細な対価の内訳／148

  (2) M&A後の役員の処遇／149

  (3) 譲渡側企業の表明保証の内容と表明保証違反時の賠償内容／149

  (4) 経営権の承継手順（スキームによって異なる）／149

  (5) 決済日を設定する場合、それまでの相互義務の確認／151

  (6) 決済資金と重要物品を取り交わす手順／152

  (7) 完全合意条項の確認／152

Process05 PMI ‥‥‥‥‥‥‥‥‥‥‥‥‥‥‥‥‥‥‥‥‥‥‥‥‥‥‥‥‥‥154

■ PMIにおいて留意すべきこと／154

  (1) 前経営者との関係性／155

  (2) 退職者の業務引継ぎ／155

  (3) 従業員との対話／156

  (4) 取引先への挨拶／156

  (5) 会議等の確認・整備（報連相の伝達経路の確認）／156

  (6) 人事制度（就業規則・賃金規程等諸規程を含む）の確認／157

  (7) 設備投資計画、修繕計画の立案／157

  (8) 財務・会計の確認や経理改善の検討／157

  (9) ブレーンへの挨拶、情報収集／158

まとめ ‥‥‥‥‥‥‥‥‥‥‥‥‥‥‥‥‥‥‥‥‥‥‥‥‥‥‥‥‥‥‥‥159

資料編

1 会社の未来を託す支援者を見極めるためのチェック
  リスト（抜粋版）‥‥‥‥‥‥‥‥‥‥‥‥‥‥‥‥‥‥‥‥‥‥‥162

2　アドバイザリー契約書················162
3　セカンドオピニオン契約書··········165
4　出口戦略検討シート················167
5　ノンネームシートサンプル··········168
6　企業概要書サンプル················168
7　ロングリストサンプル··············170
8　リーチレターサンプル··············171
9　秘密保持の誓約書··················172
10　トップ面談スケジュール············173
11　譲受意向表明書····················173
12　株式譲渡基本合意書················175
13　独占交渉権に関する通知書··········178
14　調印式　式次第····················179
15　株式譲渡契約書····················180
16　DDスケジュールサンプル··········184
17　重要物品目録······················184
18　重要物品受領書····················185
19　引継ぎ業務調査シート··············185

あとがき····························189
書式ダウンロード特典利用方法········195

序　章

小規模企業が直面する
後継者問題を
第三者承継（M&A）で解決する

　　2017 年 10 月 6 日金曜日の日経新聞朝刊の一面トップの見出しは「大廃業時代の足音」「中小『後継者未定』127 万社」でした。それから 5 年経過しましたが、今も後継者未定問題はまったく解決していません。今でも中小企業庁が公表している、後継者難を理由に廃業を予定している経営者は 127 万者（個人事業を含むため「社」ではく、「者」の字をあてる中小企業庁の方針に従って記載）です。

　　この章では、中小零細企業の後継者未定問題の解決方法である第三者承継（M&A）が「企業の出口」として選択されるようになるために何が必要なのかを確認します。

1 「企業継続のための出口」とは？

　事業をいったんスタートさせたら、①上場、②親族内承継、③第三者承継（M&A）、④清算、⑤倒産、の５つの扉から必ずいずれかを選択して開かなければなりません。このうち倒産は自ら選択する出口ではありませんので、残る扉は４つです。企業の継続を前提とすれば清算も除かれるので、出口の扉は３つに絞られます。上場については、そもそも日本国内の上場企業数は約4,000件で国内に存在する企業の0.1％程度と、確率から考えて非常に狭い出口のため選択肢から除きます。

　すると、多くの中小零細企業に用意された、「企業継続のための出口」は「親族内承継」か「第三者承継（M&A）」の２つしかありません。

　さらに言えば、親族内に後継者がいなければ「親族内承継」はできません。国内の企業の約６割に後継者がいないと言われているのですから、６割の企業が社員の雇用機会や経済活動を維持継続し、次世代へとその技術や伝統を継承するための選択肢は「第三者承継（M&A）」しかないのです。にもかかわらず、国内のM&A実施件数は年間4,000件弱にとどまっています。なぜ、唯一残されているはずの第三者承継（M&A）という出口の扉は選択されないのでしょうか？

2 M&Aという出口が抱える課題

(1) 小規模企業向けのM&Aプラットフォームがない

　後継者問題を解決する手段としての第三者承継の有効性は、経済産業省も認めています。2019年12月には中小企業庁より「第三者承継支援総合パッケージ」が公表されました。この中で、第三者承継（M&A）の実施件数が伸びない要因として、①売り案件が圧倒的に少数、②マッチングの成立が困難、③承継後の経営統合が困難、であることを指摘していますが、これは「小規模M&Aの支援者不足」を意味していると、

私は感じています。

　近年、ウェブ上には「売りたい企業」と「買いたい企業」のマッチングサイト（いわゆる「プラットフォーム」）が雨後の筍のように出現していますが、これらはあくまでも道具であり、支援者にはなり得ません。必要なのはその道具を使いこなせる人です。

　支援者と言えば、M&A支援を行う民間企業はたしかに存在します。しかし、これらの企業は中堅以上の規模を持つ企業をターゲットとして確立しているビジネスモデルです。最低数千万円という報酬体系を見ればそのことは一目瞭然であり、そのモデルを小規模企業（製造業なら常用雇用者20人以下、それ以外の業種では常用雇用者5名以下で、企業数では全体の85％を占める）に適用しようとしても、ポイントや手順、関わる人が根本から違うのでまったく通用しません。しかし、そのことに気づいている人は思いの外少ないのです。

(2)　第三者承継を支援できる「支援者」がいない

　「第三者承継支援総合パッケージ」の中で、中小企業庁は10年間の集中施策として、後継者不在企業127万者の約半数を占める黒字企業約60万者の第三者承継を目指す、と明記しています。年間6万件の第三者承継を実現するには、毎日約160件の第三者承継が行われなければなりません。この目標を本気で達成するためには小規模企業の第三者承継を支援できる「支援者」が必要であることは間違いないのですが、その支援者はほとんど存在しないのです。

(3)　高齢社長が事業承継問題を先延ばしにしている

　もう一つ、第三者承継が進まない根本的な課題を知る上で重要なデータがあります。全国商工会連合会の調査結果で、80歳代の経営者326名に「事業承継はいつごろを予定しているか？」と尋ねたところ、過半数超える経営者が3年超先だと回答しているのです。これでは事業の承継が進むはずがありません。誰かが「社長、そろそろ本気で承継を考えないとまずいです」と声を掛けないといけないのですが、その役目を担

おうとする支援者がいないのです。

3 負のスパイラルは既に始まっている…

　少し目線を変えて、先に紹介した日本に約300万者存在する小規模企業に何が起きているのかを確認してみます。

　今、社会の変化は恐ろしい速さで進んでいます。すべてが10年前とはまったく異なり、10年後も今とまったく異なる世界になっているでしょう。中小企業といえどもこの変化に対応できなければ、生き残ることはできません。変化に対応する力は経営者に求められる最も重要な要素の1つです。

　変化が常態化した現在、日本の中小企業が直面する課題の1つが経営者の高齢化です。2022年度版中小企業白書によると2020年の経営者の平均年齢は62.5歳となっており、毎年右肩上がりで上昇を続けていますが、経営者の年齢が高くなると企業が増収・増益しにくくなるというデータがあります。

　要因は人間の知能の特性にあります。変化に対応する知能を「流動性知能」、知識や経験を活かす知能を「結晶性知能」とよびますが、年齢が高くなると流動性知能が低下し、変化対応が難しくなるのです。つまり、経営者の高齢化が進めば日本の85％の企業の成長が止まり、世界に大きな遅れをとってしまいかねないのです。

　高齢化が問題であれば、考えるべきは「経営者の若返り」です。しかし前述のとおり、国内企業の6割以上には後継者がいません。後継者不在率は企業規模が小さいほど高く、国内の85％の企業において深刻さを増すのです。

　激変が日常という経営環境下で、年齢の高い経営者がその変化に対応していくことは難しく、若返りたくても後継者がいない。結果、業績は悪化し継続を断念して会社を閉じるか、最悪の場合は会社が倒産します。連鎖的に雇用の場は失われ、サプライチェーンが断絶し、技術の消滅へ

とつながっていきます。この負のスパイラルはこれから起こる話ではなく、10年以上前から私達の足元で既に起きており、未来に暗い影を落としているのです。

2021年に休廃業・解散した企業数は5万4,709件（帝国データバンク調査結果）でした。これを365日で割ると、約136件になります。土曜日も日曜日も関係なく毎日136件の企業が清算・解散をした計算です。さらに、このうち56.2%が当期純利益で黒字だと言います。大切な会社が消えていく現実に危機感を持つ人は少なくないでしょう。では、この問題解決のために私達は何をすればよいのでしょうか？

4 　第三者承継の価値を正しく伝えることが必要

後継者のいない企業が会社を引き継ぎたいと考えている人と出逢うには、第三者承継という出口の価値に気づく必要があります。そのためには、第三者承継の価値を正しく伝えてくれる人、つまり確かな支援者に出逢う必要があります。

例えば、第三者承継の価値に気づいていない経営者が本書を手にすれば、その価値に気づいていただけるかもしれませんが、残念ながら第三者承継の必要性を感じていない人が自発的にこの本を手にとることはないでしょう。この壁を越えるためには、今この本を読んでくださっているあなたが、後継者のいない経営者の目をきちんと見て「この本はきっと社長の役に立つので読んでください」と伝えていくしかないのです。情報伝達手段がこれほど発達した世界にありながら、人の手で伝えるしか問題解決に向けた歩みが始まらないのは皮肉なことです。

5 士業を中心とするネットワークによる日本的M&A が問題を解決する可能性がある

　M&A には、欧米で発達してきた企業買収の手段としての一面があります。そのことは語源の Mergers ＆ Acquisitions が「買収と合併」を意味していることからもわかります。

　そのため、仕事を人生そのものと捉え、会社を大切にしてきた経営者ほど M&A には抵抗があるようです。しかし本書で推進を訴える「日本的 M&A」は、直面する中小企業の後継者不在問題を克服し、歴史と文化と技術を次世代へと引き継ぎ、地域経済を支え、日本を支える Marriage ＆ Alliance「結婚と同盟」と再定義した M&A です。

　たしかに、小規模企業の第三者承継支援をビジネスとして成立させるのは簡単ではありません。小規模企業の第三者承継支援をしようという民間業者が少ない理由はここにあります。しかし、日本にはこの役目を担える人材が既に存在しています。そういった皆さんが本気になれば、日本の未来が抱える重大な後継者不在問題を解決に近づけることができます。

　それが、既に確立した本業があり、その本業と極めて近いところに第三者承継支援がある「士業」と呼ばれる方々や、中小企業に深く関わるコンサルタントや保険代理店に代表されるようなセールスパーソンの皆さんです。

　このように考える理由は、次のとおりです。

---

　①　**低報酬で本質的な支援ができる**
　　　M&A のみを収入源とする必要がないため、成功報酬の獲得を目的とする M&A 業者と異なり、承継を目的とした支援ができる。
　②　**情報が手元にあるのでスピーディな対応ができる**
　　　クライアントの確かな情報が手元にあるところからスタートで

きるため、情報の信頼度と対応スピードが他のM&A業者に勝る。

③ 知識（税務・財務・法務・労務）に基づく確かなスキーム提案ができる

　業法も資格もないM&A業界にあって、国家資格を持つ士業のネットワークによる支援は、クライアントから見て大きな信頼感がある。

④ もともと守秘義務が課せられているという安心感がある

　職業倫理として日常から守秘義務を守ることを前提として業務に取り組んでおり、機密情報を扱うM&A支援を行いやすい。

⑤ 地元に密着しながら全国ネットワークを実現できる

　過去から将来に向けて責任をもって地域の企業を支援していくことを前提としつつ、全国にネットワークが張りめぐらされた組織は他に存在しない。

⑥ 事前準備からPMI（経営統合）まで全体の支援ができる

　M&A成功の重要な要素である事前準備とPMIが、本来業務になっている。

⑦ ツールを活用できる身近な支援者になり得る

　確かな支援者として経営者と一緒にM&Aプラットフォームに代表されるようなツールを活用することで、初めてツールに命が吹き込まれて機能する。

　本書では、第1章で第三者承継の様々な実例を紹介します。成功事例も失敗事例もありますので、売手、買手、支援者といったそれぞれの立場で何が成否を分けるのかを考えながら読んでみてください。

　第2章では、売手、買手、支援者それぞれの立場から第三者承継の全体の流れを押さえ、それぞれの局面で使われるツールと注意点を紹介していきます。

　1人でも多くの方が第三者承継の正しい知識を身につけ、未来の日本をより豊かな国にしていくことに取り組んでいただければ幸いです。

第 1 章

実例に学ぶ
第三者承継16のポイント

　第1章では、第三者承継の可能性や問題について具体的な事例を通して検証していきます。紹介する事例は、すべて私が実際に見聞きし、体験した事例です。後継者がいない経営者や、会社を引き継いで成長・発展させたいと考えている経営者はもちろん、経営者を支える立場にある社員やその家族と友人、企業に関与する士業や保険のセールスパーソン…。様々な立場の登場人物とご自身を重ねながら、自分がやるべきこと、やらなければならないことを考えるきっかけとするとともに、第三者承継の可能性を感じていただければ幸いです。

事例1 小さな個人事業でも実現できた第三者承継

～年商2,000万円の牛乳宅配事業の第三者承継事例～

始まりは「3カ月後に廃業するよ」という電話

　F県の地方都市で牛乳宅配事業を営んでいたM社長は、60歳を超えた頃から朝が早く体力も必要な牛乳配達事業を続けることに限界を感じていました。しかし、わずかながら借入れもあり、2人の配達員や1人暮らしの高齢の方、小さな子供がいる家庭に牛乳が届けられなくなること等を思うと、廃業を決断できなかったそうです。

　ところが、小売店を営む親戚から給与を出すので事業を手伝ってほしいと持ちかけられたのをきっかけに廃業を決意し、以前から面識のあった私に「3カ月後に廃業するよ」と連絡をくれました。

　M社長の配達員とお客様を思う気持ちを知っていた私は「廃業するのではなく、3カ月の間に引き継いでくれる人を探しませんか?」と提案しました。

　M社長の返事は「こんな大変な仕事を引き継ぐ人なんかいませんよ」というそっけないものでしたが、私が「ダメ元でもやってみましょうよ。配達員さんと、何より社長が大切にしているお客様が困るでしょう?」と食い下がると、重い腰を上げ、後継者を探すことを承諾してくれました。

承継相手は見つかるのか？

　アドバイザリー契約を締結し、「ノンネームシート」と「企業概要書」を作成すると、まずM社長と一緒に仕入れ先の乳製品メーカーを訪問して次の提案をしました。

👉 ノンネームシートと企業概要書は、資料編参照

---

① 　約500件の宅配先を乳製品メーカーの直営店として引き継ぐこと
② 　宅配先を引き継いでくれる近隣エリアの優良な宅配業者を紹介すること

　ところが「500件の宅配先を失うことは確かに痛手だが、直販は本社の方針でしない。また特定の宅配業者の紹介は、メーカーとしての中立性を損なうため応じられない」というにべもない回答で、がっかりしていると、M社長が「これ、使えませんか？」と乳製品メーカーからの「F県　宅配業者番付表」というFAXを見せてくれました。

　「いや、使えますよ。そのままロングリストじゃないですか！　ここに順番に当たりましょう！」。そして早速、「私どものクライアントで御社と同業の事業者がいます。後継者不在のため事業継続が困難となっているのですが、事業を引き継ぐことをご検討いただけませんか？　まずはノンネームシートを見てください！」と、番付表の上から順に電話を入れていきました。

👉 ロングリストと声掛けの詳細は第2章参照

承継相手が見つかった決定打は「Bルート商品」！

　リストから上位8件に連絡を入れ、6社にノンネームシートを渡し、さらにそこから「秘密保持契約」を締結した3社に企業概要書を提示し

たところ、Ｎ社が企業概要書に記載された「Ｂルート商品」の売上構成比が約25％という数値に強い関心を示しました。

「Ｂルート商品」とは業界用語で、牛乳・乳製品以外の商品を指します。健康にまつわる商品やクリスマスケーキのような季節商品があり、販売代理店の自由裁量で商品を揃え、広告と申込書は乳製品と一緒に宅配ボックスに配布します。お客様は申込書を宅配ボックスに入れるだけで受け取れます。

Ｎ社の社長は、当時、Ｍ社が品揃えの良さや配達員へのインセンティブの工夫で業界平均の倍以上の売上を実現していたことに目をつけ、そのノウハウが自社でも使えれば、Ｂルート商品の売上を倍増させられるのではないかと考えたのです。

買手がN社の承継で手に入れたもの

トップ面談や施設見学、社員面談等を経て３カ月で譲渡手続は終了し、その後の引継ぎも順調に進みました。譲渡対価は500万円弱。Ｍ社長には第三者承継による譲渡対価が入り、借入れを返済することができました。配達員が仕事を続けられ、お客様に牛乳が届けられることも本当に喜んでくださいました。

一方、この承継でＮ社が手に入れたものは、次のとおりです。

---

① 500件の新規お客様
② 規模拡大によるメーカーへの優位性
③ Ｂルート商品の販売ノウハウ
④ ２名のベテラン配達員（採用や教育は不要）

これらは時間をかければ自社独自で開発できたかもしれませんが、それをＮ社はたった３カ月の間に手に入れました。つまり、「⑤ **成長の実現に必要な時間も手に入れた**」のです。これがＮ社にとっていかに

価値あることかは、読者の皆さんもおわかりかと思います。

この事例から学ぶこと

▶ **ポイント1** 　確かな相談相手を日頃から探しておく

　M社長は、第三者承継という出口を提案されるまで廃業しようと考えていました。結果としてまったく異なる未来を手に入れたのですが、もし相談する人が違っていたらこうはなっていなかったでしょう。誰に相談するかで、社長はもちろんその家族、従業員とその家族、お客様、取引先の未来が大きく変わります。

　会社の出口を考える場面になってから慌てて相談する人を探しても、良い人に出会えるとは限りません。経営者の皆さんは、今から信頼できる相談相手を探しておくことが何よりも重要です。また、中小企業を日頃から支援している皆さんは、「会社を清算したい」という相談を受けたときに第三の道を提案できる実力を身につけておくことが、後継者未定問題がより深刻になるこれからは特に求められます。

▶ **ポイント2** 　第三者承継の相手の見つけ方

　第三者承継において相手を探す方法には、プラットフォーム等に登録して相手が見つけてくれるのを「待つ方法」と、対象企業をリストアップし「見つけに行く方法」があります。M社の事例ではリミットが3カ月とかなりタイトでしたから、こちらから積極的に相手を探しに行く必要がありました。

　承継を提案する企業のリストをロングリストといます。ロングリストを社長と作成すると「この会社が引き継いでくれたらいいな」という意見が出てきたり、逆に買手企業であれば「この会社がもし後継者不在で会社を閉じたら困るな」といったことに気づいたりします。普段はそういう観点で相手を見ていないため気づかないだけで、実は身近にマッチ

ング先がある場合があります。

　本件ではまずメーカーへのアプローチ（垂直統合：第２章参照）を試みましたが、その作戦は功を奏さず結果的には水平統合となりました。成功した鍵は「Ｂルート商品の売上の高さ」でした。このように、同業者とのマッチングでは他社が持っていない技術やノウハウ、設備等が強力な武器になるのです。

ロングリストの作成については第２章参照

▶ ポイント3　　企業概要書に自社の特徴をどこまで表現できるか

　Ｍ社長のように、「うちなんか引き継ぎたい先はないでしょう？」という経営者は多くいますが、実際には承継によって買手は様々な価値を手に入れています。自社の良さや価値がどこにあるのか、自分ではなかなか気づかないものです。企業概要書には、その価値を言葉や図表で表現することが求められます。

　Ｍ社のマッチングを決定づけたのは「Ｂルート商品の高い売上げ比率」でしたが、この情報が企業概要書になければＮ社は興味を持たなかったでしょう。この特徴を、Ｍ社長はそれほど重要だと思っていませんでした。概要書をまとめるために企業や業界のことをヒアリングする中で、この情報を載せるべきだと判断した支援者のファインプレーです！

　逆に、売手企業における弱みが買手の魅力になることもあります。買手が自社のノウハウを売手側に注入することで、売手を成長させることにつながるからです。そういった自社内ではなかなか気づけない情報を、経営者と支援者の対話から明らかにしていく必要があります。

事例2

M&A 戦略立案中に買いたい 会社像が大転換！

～創業130年の老舗かまぼこ店を IT企業が承継した理由～

SES事業を成長させるための同業者買収に向け、 プロジェクト発足

　SES 事業（ソフトウェアやシステム開発・保守・運用などの業務に対して技術者を派遣するサービス）を展開する、30 代の S 社長から「同業者の M&A をすることで人材を確保し、業界内におけるポジションを確保したい。M&A に取り組むのは初めてなので、支援してほしい」との依頼があり、さっそく役員を含む 5 名で「M&A による成長戦略立案プロジェクト」を立ち上げ、2 週間隔での会議が繰り返されました。

業界分析の末、同業者のM&Aは撤回

　小規模企業 M&A の意義や手順、注意点を学んでいただいた後、プロジェクトメンバーがそれぞれの立場や視点から「SWOT 分析シート」や「PPM 分析シート」に書き込んだものを持ち寄り、その内容について議論を行いました。「SES 事業では豊富な実績がある！」「分野を絞らず受注をしてきたのでスキルの幅が広い！」「スタッフの挑戦意欲が高い！」といった様々な意見が交換される中「SES 事業の成長ビジョンはおそらくこの 5 年で頭打ちになる」という意見に、一同がハッとしました。

実は、これは全員の共通認識で、だからこそＳ社長もＭ＆Ａの必要性を感じて相談をしてきたのです。その議論を皮切りに、業界全体の動向や今後の見込み等様々な課題が浮き彫りになり、「５年ほどで業界の成長がピークアウトするなら、その事業分野を拡大することは将来のリスクを拡大することになるのではないか」「今、同業者を引き継ぐという戦略は見直した方がよい」「よし！　Ｍ＆Ａはやめよう！」との結論に至りました。

　とはいえ、今のまま業界に身を置く我が社も沈みゆく船に乗っている、という現実を打開する策を練る必要はあります。

　そこで出てきた案の１つが、まさに今学んでいるＭ＆Ａを活用できないだろうか？　というものでした。これだけ後継者がいない企業があるのだから、ゼロから事業を立ち上げるより低リスクで新たな事業の柱を作れるのではないか？　という方向に、議論は発展していきました。

■ 新たな事業の柱を作るため、老舗かまぼこ製造販売事業の承継を決意

　Ｍ＆Ａの方向を「新たな事業の柱をつくる」と転換したものの、具体的な事業のイメージは湧きませんでした。そこで、自社の強みをさらに伸ばすという視点でイメージを整理していくと、ＩＴという世界に無縁で、かつＩＴ化により劇的な変化を起こす可能性のある事業としてこれまで考えたこともなかった「老舗」が対象となりました。また、新規事業なので投資は押さえたいという視点から候補企業を探した結果、隣県の「創業130年の老舗かまぼこ製造販売事業」の譲渡企業情報がメンバーの目に留まりました。ノンネームシートに記載された譲渡希望金額は、1,000万円以下でした。

　１週間後、譲渡企業のアドバイザーにコンタクトをとり、プロジェクトメンバー全員でトップ面談および工場見学のために現地に向かうと、ノンネーム情報にあったとおり、工場は３年前から稼働をしておらず再稼働が簡単ではないことを知りました。しかし、70歳を超える３代目

社長のかまぼこをもう一度作りたいという情熱には皆心を打たれ、承継の想いを強くします。投資金額も大きくなく、もし失敗しても吸収できるという確認をした上で、老舗かまぼこ店を承継するという結論を出したのは、それから1週間後でした。

24歳の女性社長を4代目に迎え、新事業発足！

　ノンネーム情報を手にして3カ月後、最終譲渡契約の調印式を迎えました。その席にはプロジェクトメンバーに加えて、老舗かまぼこ店の新社長、つまり4代目となる24歳の女性の姿がありました。

　もともと、大学在学中に日本の中小企業の後継者不在問題の研究に取り組んでいた彼女は、この老舗かまぼこ店が後継者不在であることを知り、また3代目のものづくりに対する真剣さに惚れ込んで、なんとか次世代へ継承したいと、大学卒業後も自分で会社を設立し、後継者不在問題解決への取組みを続けていました。

　S社長が老舗かまぼこ店を引き継ぐことを自分のことのように喜んだ彼女は、S社長に面会を申し入れ、自分がこれまで調べてきたその老舗かまぼこ店の素晴らしさと可能性を1時間以上にわたってぶつけたそうです。その熱意に打たれたS社長が「それだけ強い思いを持っているあなたが社長をやるべきです。私がバックアップしますから」と伝えたのです。

　4代目社長を迎えたこの老舗かまぼこ店は2022年6月に営業を再開し、新事業が発足しました。

この事例から学ぶこと

▶ ポイント1　プロジェクトチームでのM&A戦略立案が第三者承継成功の"要"

　第三者承継の成功とは、引き継いだ企業が成功することです。その意

味で、買手の事前準備はとても重要です。この事前準備で取り組む必要があるのが、相談者を育てることです。承継するかしないかを社長１人だけで判断するのは危険ですし、承継した後は、社長が両方を見るか、あるいは任せられる人が必要になります。

第三者承継成功の"要"は、引き継ぐ会社の人的資源にあります。譲渡企業が第三者承継を選択したのにはどういった経緯があるのか、なぜその会社を引き継ぐのか、何を実現したいのか。M&A戦略の立案は、そういったことを最初から買手がチームメンバーと共有するチャンスです。これらの共有ができると、メンバーが後継者のいない企業を引き継ぐことの社会的な意義を理解します。するとメンバーに、社長には見えていなかった取引先の後継者問題にアンテナが立ちます。その土壌ができて初めて生きた戦略が生まれるのです。

ですから、この事例のようにM&A戦略を立案するプロジェクトを結成して、複数名で多面的に議論や検証を重ねていくことをお勧めします。高い報酬を払ってコンサルタントに戦略を作ってもらっても、当事者が作っていない戦略は動きません。また、承継したい会社像を議論していく中で自社の問題に気づき、自社の改善を始めたという事例も少なくありません。

多くの後継者不在企業があるという現実は、成長したい企業にとって新たな事業分野に挑戦するチャンスです。企業を引き継ぐ側も承継を成功させるために、事前準備としっかりと向き合うことが必要です。

▶ ポイント2　廃業してからの後継者探しは困難

譲渡側の視点から学ぶべき点に、後継者探しを始めるタイミングがあります。

売手の老舗かまぼこ店は創業130年の歴史があり、かつては農林水産大臣賞をはじめ様々な賞を総なめにした非常に質の高い商品を作っていました。皇室に献上したこともあったようです。

そうした実績にもかかわらず、3年もの間承継者に恵まれなかった決

定的な理由は、既に廃業という出口を迎えていたからです。社長が廃業を決意した当時、第三者承継の有効性を伝える人はいませんでした。廃業後に第三者承継という選択肢を知り、相手探しを始めたのです。

　廃業後では実際の商品は手元にありませんし、社員もいません。過去に取引していた業者やクライアントが戻ってくる保証もありません。長く放置すれば製造機械の痛みも激しくなります。4代目も、3代目の「私がこの店を潰したら先代、先々代に申し訳ない。本当は死ぬまでかまぼこを作りたい」という思いを聞いて後継者探しに奔走し、多くの方に相談したようですが、引き継いでくれる人はついに現れませんでした。お断りされる方の理由を聞く度に、「操業している間に出会えていれば結果は変わっていたのではないか？」と、何度も地団駄を踏んでいたそうです。

　売手の第三者承継の準備に早過ぎるということはありません。承継はまだ先だと思っている社長も、準備には早く取りかかってほしいですし、周囲にそういう経営者がいれば背中を押してあげてください。

事例3

主要取引先に受け入れられず
M&A直後に8割の売上が消失
～仲介会社の言葉を鵜呑みにした
買手の失敗～

📁 クロージングまで2カ月の超スピードM&A

　10月末頃、調剤薬局事業を営むO社長のもとに大手M&A仲介会社からノンネームシートが持ち込まれました。業種、売上、所在地、譲渡希望価格等すべて申し分ない内容で引継ぎを検討したい旨伝えると「本件は12月末までのクロージング（最終契約締結）が条件ですが大丈夫ですか？」と確認の連絡が入りましたが、迷わず「その前提で進めます」と答えました。

　先代から引き継いだ調剤薬局事業をさらに成長させるべく、既に3件の同業のM&Aに取り組み、いずれも成功させてきたO社長としては、今回も必ず成功させる自信がありました。ただし、2カ月での成約経験はなく、その点に多少の焦りと不安を覚えたそうです。

　対象は隣県の門前薬局で、売上の約8割が目の前の病院からの処方箋で構成されていました。すぐに秘密保持契約を締結し、情報提供料200万円を仲介会社に支払いました。企業概要書を精査するとともに売手経営者とのトップ面談も行い、専門家に依頼してデューデリジェンス（以下、「DD」といいます）の段取りを済ませ、金融機関に融資相談を始めました。

　年末の忙しい中、やることも目白押しで手一杯でしたが、幸いDDでも大きな問題は発見されず、譲渡希望価格の1億円も妥当だと判断し、

予定どおり2カ月で最終契約書に調印することができました。

病院理事長の激怒により8割の売上が消失の危機に

　充実した気持ちでお正月を迎えられたのですが、新年の挨拶も兼ねて最大の取引先となる病院の理事長に売手の経営者と一緒に挨拶に伺った時に、大事件が勃発しました。「M&Aをするとは一切聞いていない！『オーナーが変わりました』『はいそうですか』という話ではない。なめているのか？　申し訳ないが不信感を持ったまま今の関係を継続する気はない。院内処方への切替えを検討する」。病院の理事長の返事は、想像すらしていなかった激しい怒りでした。

　院内処方になったのでは売上の8割が消え、1億円以上の投資回収は絶望的です。O社長も必死で「弊社で引き継ぐことになったことは仲介業者よりお話があったと思うのですが」と食い下がりますが、「いや聞いてない。もう帰ってくれ」と取りつく島もありません。目の前の現実に驚き、混乱しているのは売手の経営者も同様で「仲介業者に状況を確認させていただきます」と、その場はいったん引き上げざるを得ませんでした。

　病院を出て近くの喫茶店で譲渡側社長と話すうちに、この混乱の原因が明らかになってきました。

　実は、最終契約書調印の前に主要取引先への挨拶は済ませておくべきで、O社長も門前薬局と病院の関係がいかに大切かをよく認識していたので、「理事長に一度ご挨拶をしておきたい」と仲介会社に申し出ていました。しかし「話は通していますから大丈夫です。それより、12月末までのクロージングを急ぎましょう」と言われ、それを鵜呑みにして最終契約への調印まで進めてしまっていました。

　譲渡側の経営者も「理事長は気難しい方でもあるので、全部決まってからではなく、最終調印の前にO社長とご挨拶をしておいた方がよい」と仲介会社に申し出たそうですが、「そのような話は私に任せてください。悠長なことをしていると12月末に間に合いませんよ」と言われて

いました。

　しかも、12月末までのクロージングすら譲渡側の希望ではなかったことも判明しました。譲渡側の社長は、Ｏ社長が12月のクロージングを望んでいると聞かされていたそうです。ではそれを望んでいたのは誰なのか…。売手も買手も、仲介会社が操作する情報に踊らされていたわけです。

譲渡対価6,000万円と仲介会社・DD業者への手数料2,000数百万円が水の泡

　仲介会社に事情説明を求めましたが、「引継ぎは御社で進めてください」という回答しか返ってきません。仕方なく直接病院の理事長と交渉し、薬局は理事長から紹介された薬剤師に4,000万円で転売しました。

　このM&AでＯ社長は売手に譲渡対価1億円を渡し、仲介会社には情報提供料と成功報酬で2,200万円を払い、DD業者にも報酬を数百万円払っていました。仲介会社が手数料の返還に応じる気配はないため訴訟を起こすそうですが、理事長への事前の挨拶をめぐるやりとりはほとんどが口頭で物証がないため、勝つことは難しそうです。

　つまり、たった数カ月のうちに譲渡対価6,000万円と仲介会社・DD業者への手数料2,000数百万円が水泡に帰したのです。M&Aでさらなる成長ビジョンを描いていたＯ社長ですが、結局このM&Aの唯一の被害者となってしまいました。その上、これから訴訟にも費用がかかり、裁判には時間をとられることとなります。

　この事例は、私が実際にＯ社長の顧問税理士から「自分がもっと本件に関わっておけば回避できたかもしれない。多くの経営者が同じような失敗をしないように注意喚起をしていきたい」と教えていただいた事例です。税理士を筆頭に、中小企業に深く関与する士業やその事務所職員が第三者承継についての知見を深めておくことの必要性を実感した事例でした。

📌 この事例から学ぶこと

▶ **ポイント1**　支援者の言葉は絶対に鵜呑みにしない

　M&Aの実務には様々な法律が絡むにもかかわらず、現在その支援を行う者の知識量やスキルを担保する公的な資格制度や業法は存在しません。誰でも明日から名刺に「M&Aコンサルタント」と肩書きを記載することができてしまいます。

　したがって、経営者はその支援者が信頼に足りるかを自ら判断できなければならないといえます。その意味で、この事例は仲介方式というM&Aの支援方式の悪いところがすべて表に出た事例といえます。

　M&Aの支援方式の詳細は第2章で解説しますが、この事例のような仲介方式では売手・買手の間に入るのが仲介者だけなので情報漏洩リスクが低い一方、利益相反性があり（中小企業庁「中小M&Aガイドライン」（令和2年3月公表。https://www.meti.go.jp/press/2019/03/20200331001/20200331001-2.pdf）でも指摘）、自身が不利になっていないかの客観的検証ができないという難点があります。

　この事例では仲介業者が両方に「既に話は通っている」という嘘の情報を流していたのですからもっとひどいのですが、O社長が仲介業者の言葉を鵜呑みにしたことも失敗の一因です。支援者に依存するのではなく、支援者を使い倒せるくらいの知識を身につけることの重要さを感じていただけるでしょう。

　この事例からM&Aはリスクが高いからやめようと思われるかもしれませんが、それでは売手の後継者不在問題は解決しません。買手の第三者承継という成長戦略の機会も失われてしまいます。では、どうすればよいのでしょうか？

　1つは、仲介方式でのM&Aではなく、FA方式という方式を検討することです。加えて、社長だけでなく経営幹部にも小規模企業M&Aの意義や手順、注意点を勉強してもらっておけば、さらに安心です。

👉 **M&Aの支援方式の詳細は第2章で解説**

▶ ポイント2　セカンドオピニオンの活用

　仲介方式によるデメリットを回避するもう一つの方法は、セカンドオピニオンの活用です。

　今回の事例でも、社長のそばにいる幹部やセカンドオピニオンとしての専門家が「仲介者が何と言おうと、最終契約の前に一度理事長にご挨拶に入った方がいい」と助言ができていれば、結果は違ったはずです。

　M&Aの失敗は、常に買手側に大きな損失をもたらします。リスクを察知できるよう、何より経営者自身が学ぶことと、良きアドバイザーを身近に置いておくことが必要です。

☞ セカンドオピニオンの詳細は第2章で解説

事例4 株価５億円の会社の承継に社員が挑戦
〜約1年がかりで障害を乗り越え、産業廃棄物処理業の社員承継を実現〜

社長引退を打ち明けられた社員が承継を希望

　戦後間もなく東京で産業廃棄物処理事業を立ち上げたＡ社長は後継者に恵まれず、70歳を超えた頃から体力に衰えを感じて、引退を考えようと顧問税理士に話をしたところ「第三者に承継する方法がありますよ」と提案され、考えてもみなかった方法に惹かれました。

　私が顧問税理士と一緒に第三者承継の事例や手続き、必要な費用等をお伝えすると、Ａ社長から「第三者承継の前に自分を親のように慕い、非番の日でも会社に来て『家にいてもすることはないので』と一緒に仕事をしてきた社員に話をしておきたい。もしかしたら彼が引き継ぎたいと言うかもしれない」と言われました。

　社員承継をする場合、株式の買取資金や借金の担保、連帯保証の引継ぎが大きな障壁となります。この会社の借入れはそれほど大きくはありませんでしたが、会社が所有する事業用不動産はかなりの評価となり、ざっと見積もっても株価が５億円は下らないと思われました。そんな大金を１人の社員が準備するのは困難に思われたため、そのことをＫ社長にお伝えしてその日は終わりました。

　数日後、顧問税理士を通じて「Ｈ社員が引き継ぎたいと言うので、その支援をしてほしい」と連絡が入りました。これは大変なことになったと思いましたが、会社近くのファミリーレストランで会う段取りをつけ

てもらいました。

　社員のＨ氏は40代後半で飾り気のない、誠実そうな方でした。最初は緊張していましたが、会社に入った経緯やなぜ会社を引き継ぎたいと思ったのかを話す頃には、印象どおりの本当に誠実な方で、Ａ社長を尊敬し、今の仕事が大好きなのだということが伝わってきました。Ａ社長がこの社員に引き継いでほしいと思った理由がよくわかりました。

　莫大なお金が必要になることや、経営者になると人事や財務といったことも考えなければならなくなることを確認しましたが、どんな苦労があっても誰かに渡すのではなく、自分がこの仕事を引き継ぎたいという意志は固く、私もこの承継を実現できるよう支援することを腹に決めました。

■ 譲渡側と譲受側双方で承継スキームを検討

　５億円の譲渡価格ではさすがにＨ氏には高額過ぎるため、価格を引き下げる方法の検討が必要でした。様々な観点から検証を重ね顧問税理士と考えた案は、時価３億円相当の不動産を譲渡対象資産から切り離してＡ社長側に残す方法です。それにより、不動産は結婚して家を出ている娘さんに収益物件として相続できます。

　そこで譲渡スキームを「事業譲渡」又は「会社分割」に絞りました。産業廃棄物事業に必要な許認可は事業譲渡では引き継げませんので、会社分割後に株式譲渡をする方法で進めようとしました。しかし、設立以来経理に携わってきたＡ社長の奥様がどうしてもそのスキームを拒まれ、結論としてかなりハードルの高い事業譲渡スキームを採用することに決まりました。

　そのため、Ｈ氏への引継ぎを実現するには、右の３つの課題をクリアしなければならないこととなりました。

　これらに対応するために、税理士、司法書士、行政書士、社会保険労務士とプロジェクトチームが結成され、約１年にわたる取組みがスタートしました。

① 許認可の引継ぎ
② 社員の雇用契約の再締結
③ 譲渡対価の調達

☞ スキーム選択の詳細は第2章参照

 課題1：許認可の引継ぎ

　H氏が産業廃棄物事業を事業譲渡により引き継ぐには、新会社を設立し許認可を取得する必要があります。産業廃棄物事業に必要な許認可はかなり難易度が高く、以前別の事案でとても苦労した経験があります。

　しかし、この事例では行政書士が新設法人での許認可取得に必要な要件等を調べ、検証し、1つずつクリアしていってくれました。現場管理者の実務経験や施設の壁面の高さ、車両の基準、行政の立入調査等厳しいチェックが入りましたが、行政書士が何度も役所に足を運び、粘り強く交渉してくれたおかげで、思いの外スムーズに取得することができました。

 課題2：社員の引継ぎ

　事業譲渡スキームでは、従業員1人ひとりが新会社と雇用契約を締結する必要があります。移籍を拒否する社員が大勢出ると、取得後の業務に支障をきたしかねません。特に従業員承継では、同じ立場にいた社員が社長になるのですから複雑な心境のスタッフも出てきやすく、さらに慎重になります。そのため、H氏が事業を引き継ぐことはA社長から直接全社員に話をしてもらうこととし、「これまで以上にH氏を助け、みんなで新会社を盛り立てていってほしい」と話をしていただきました。

　H氏は、新会社の就業規則や賃金規程を作り、雇用条件を整理して雇用契約書も作って移籍する社員に説明をしなければなりません。こちら

は社会保険労務士に丁寧にフォローしてもらい、その社会保険労務士も同席して社員との個人面談をスタートしようとした矢先、A社長が脳梗塞で倒れて救急車で運ばれ、一時は危篤状態となりました。

しかも個人面談の席ではベテラン社員から「みんなH氏の会社には移らないと思います。H氏の会社に移ったら給料が下がるから、今のうちに辞めて退職金をもらった方がよいともっぱらの噂です」と驚くような話が出てきて、社会保険労務士もH氏も「誰が言っているのか？」と尋ねましたが教えてくれません。

調査の結果、経理担当のK社長の奥様をサポートして信頼も厚かった経理部長があらぬ噂を広めていたことが判明しました。この経理部長にはH氏への承継を早期に伝え、支援してくれると思っていたのですが、まさかの反乱でした。「部長がいれば私が経理から手を引いても大丈夫」と太鼓判を押していた奥様は、大変なショックを受けられました。

その後、経理部長には退職してもらうこととなり、社員には誤解を解くための説明を行いつつ、雇用契約の再締結を進めました。この時、病室からA社長が社員1人ひとりに電話をかけ「H氏を頼む」と全員に頭を下げて声掛けをしたことは、後で知りました。その甲斐あって無事に全社員が新会社に移籍し、結束は以前にも増して強くなったと聞いています。

■ 課題3：譲渡対価の調達

H氏の負担をできる限り軽くしたいというA社長ご夫妻の意向もあり、事業譲渡の対価は1億5,000万円となりました。税理士が計算した新会社の資金シミュレーションでは当初の運転資金が3,000万円必要なので、事業を引き継ぐには都合1億8,000万円の資金調達が必要でした。

新設法人かつ社員承継でもあり、全額を金融機関から調達するのは困難と思っていたところ、H氏から「私は給与の残りを全部貯蓄してきました。A社長がたくさん給与をくださったおかげで今では4,000万円近くある貯金の全額を、引継ぎに使いたいと思います」との申出がありま

した。この承継に賭けている想いが痛いほど感じられる言葉でした。H氏の自己資金も活用して、調達目標は1億5,000万円としました。

　新会社とはいえ、ゼロから立ち上げた事業ではありません。既に確立した事業を引き継ぐのであり、H氏はその事業に20年以上携わってきたベテランで、主要取引先からの信用もあります。H氏の設立する新会社が事業を承継しても、取引が減ることはないでしょう。

　顧問税理士と一緒に作成した事業計画の信頼性の高さから、金融機関の協力も取りつけることができました。当時政府系金融機関が持っていた事業承継融資の枠から上限8,000万円をそのまま活用することができ、A社長と取引のあった信用金庫から残る7,000万円の融資を受けて資金を調達することができました。

承継とは先代の事業の集大成

　多くの問題も3つの課題もすべてクリアし、事業を引き継いだH氏の新会社の社名は、先代の名前一文字と自分の名前一文字を組み合わせたものに決まりました。

　「語呂が良かったので最初は自分の名前を前にしたのですが、やっぱり先代が先だろうと思って」とはにかむH氏の話を聞き、この承継が実現したのは堅実に事業を育ててきたA社長の成果だと痛感しました。だからこそH氏のような社員が育ち、金融機関も社員も、プロジェクトチームの士業者も、全力でこの承継を実現しようと思えたのです。承継とは、先代の事業の集大成だと実感した事例でした。

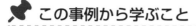 この事例から学ぶこと

▶ **ポイント1** 社員承継の場合も支援者を間に入れて進める

　社員に事業を承継する場合でも、M&Aと同じように支援者を間に入れて承継手続を進めることを勧めます。経営者側からみれば、よく知った間柄だから直接話をすれば大丈夫だと思いがちですが、引き継ぐ社員からすると、立場上、社長と対等に条件交渉はできませんし、決算書や契約書の確認といった専門的なサポートも受けにくくなります。この事例では、K社長が率先して専門家を入れてH氏が相談できるように環境を整えたため、H氏も安心して話をすることができました。

　また、ノンネームシートや企業概要書の作成といった通常必要なプロセスは不要ですが、基本合意やその調印式といった決意表明の場を正式に設けることは大切です。お互いの想いをきちんと伝え合う場は「譲る決意」と「引き継ぐ覚悟」を確認する良い機会になるからです。

▶ **ポイント2** 譲渡スキームの決定は双方の共同作業

　会社を第三者に譲渡する方法を「譲渡スキーム」といい、多くの小規模M&Aでは「株式譲渡」か「事業譲渡」のいずれかが採用されます。この事例では、許認可をスムーズに引き継げる株式譲渡の方が適していますが、譲渡資産から不動産を切り離すことで譲渡対価を引き下げたいという理由と、K社長の奥様の強いこだわりから、事業譲渡で進めることになりました。

　この事例からもわかるように、譲渡スキームはどちらか一方の都合だけで決められるものではなく、譲渡側と譲受側双方で決定していく必要があります。M&Aはものの売買とは異なり、相互の協力によってより良い承継を実現できるのです。そのような関係にすることも支援者の役割の1つです。

▶ ポイント3　社員承継や個人が承継する場合の社員の引継ぎに関する注意点

　この事例では経理部長がまさかの反乱を企て、新会社のメンバーから外れました。社会保険労務士の適切な対応で社員は無事に全員移籍したものの、新会社の経理体制の構築には大きな障害となりました。結局、K社長の奥様が残ってくださり事なきを得たのです。

　社員承継やサラリーマンなど個人が承継する場合、企業が承継する場合と異なり、経営基盤は相手方のものを頼ることとなります。したがって、今回のように重要なポストにいる社員が欠けてしまうと、それだけで経営が立ち行かなくなるリスクがあります。サラリーマンにセカンドキャリアとして小さな会社を買うことを勧める話を耳にしますが、こういったリスクをどこまで想定できているのかを、強く危惧します。

　特に、承継後も活躍を期待するキーマンとは個別に面談を行い、承継後の意思やビジョンの確認をしておくことは必須です。

事例5

地方の小さな空調会社を東証一部上場企業が引き継ぎ、地元も大喜び
～会長の魂の相手探しが地方都市活性化につながる道も拓く～

16社とのトップ面談を経ても決まらない承継対象企業

　がんが見つかったE会長は、手術の準備で明日からの入院が決まっていました。それにもかかわらずこの3カ月で既に16社とトップ面談を行い、入院後も病室で2社と面談を行う予定です。負担を考え「次のトップ面談は、病状を見て少し間を開けてはどうか」と経理を担当している娘さんと一緒に随分説得しましたが、自分で早々に病院に許可を取りつけ「少し広めの個室を用意させたから大丈夫だ」と、こちらの提案を受け入れる様子はまったくありません。

　地方の小さな町で大型施設の空調設備の設置、メンテナンスを行う事業を創業したE会長には、後継者がいませんでした。数年前に従業員を社長に引き上げ現場を一任すると、自分は会長職となり主に営業や金融機関対応を行っていました。

　手に職をつけようと飛込みで就職した会社で技術を学び、30代半ばで現在の会社を創業すると、好景気の後押しと堅実な性格で内部留保のしっかりした財務体質に育てました。取引先から勝ち取った厚い信頼はバブル崩壊でも揺らぐことはなく、社員数17名を擁する少数精鋭の会社でした。

　ですから、引き継ぎたいという候補は見つかるのですが、面談をセットした16社に会長は首を縦に振りません。全国的に名前が知られた大

手や地場の有力企業に対してもまったく色良い感触を見せない会長の様子からは、どんな会社を探しているのか読み取れませんでした。

ついに会長の選定基準が判明

18社目の面談を病室で終えた時、厳しい表情を眼にした私は「一からやり直しだな」と覚悟を決めたのですが、思いがけず会長は「2日前の会社が良かった」と言いました。それは、17社目の東証一部上場の電気系のメンテナンスを主軸とする企業でした。

「結局会長の基準は規模だったんですか？　それならこんなに無理を押して面談などしなくても、リストを出した時点で絞り込めたはずでは？」との思いがよぎりそうになり、多分そうではないと違和感を覚えて「何が良かったんですか？」と尋ねると、「専務と幹部2人の関係が良かった。話している様子から、現場の社員を大事にしているのが本物だと思った。あの会社ならきっと規模が小さいからといってうちの社員をないがしろにすることはないし、お客様も大事にしてくれるだろう。他の会社が悪かったのではないが、一番しっくりきたのは2日前の会社だ」と話してくれました。

会長が面談で何を見ていたのかを知り、ガツンと頭を殴られた気がしました。会社の規模や財務体力ではなく、ましてや譲渡対価といった条件でもなく、ひたすらその会社の社風、人間同士の関係性を見ていたのです。小さな会社であっても、自分が大切に育ててきた社員と毎日真剣に向き合ってきたクライアントを託すに足る会社かを見極めようと、きつい身体を押して向き合っていたのだと気づかされました。

相手を17社目の会社に絞った会長は、手術後の体力も戻りきらない中で東京の本社や地方にある支社にも足を運び、自分の見極めに間違いがないかを何度も確認して、納得の上でこの会社に譲渡したいと候補を絞り込みました。最終契約は、それから3カ月後のことでした。

みんなの心が決まった社員説明会

　承継対象企業を決めた会長は、一番に全社員に説明することを希望しました。もし社員が1人でも嫌だと言えば考え直すつもりだ、とも言いました（それは勘弁してくれと思いましたが…）。会長から「社員は技術者としては一流だがM&Aのことは何も知らないので、今多くの零細企業が置かれた現状から順に、今回の経緯をあなたから話してほしい」と依頼されました。

　全社員の前で、私は約6割の企業に後継者がいないこと、また後継者がいないまま会社が清算すれば社員が働く場所を失うこと、大切なクライアントは困るし、地元の経済も停滞することを話しました。そして、会長がそうならないように病気を押して必死で皆さんを大切にしてくれる会社を探したことを話し、本当に皆さんの会長は素晴らしい方だと言葉にした時には、不覚にも声を詰まらせてしまいました。

　続いて会長から第三者承継という出口を選択した理由とその覚悟について話した後、満を持して承継予定の会社名を発表しました。社員が驚く姿を想像していたのですが、予想に反して反応は薄いものでした。

　ところが、中堅社員1人からの「その会社が潰れたらどうなるんですか？」との質問に、会長が大笑いして「この会社がもし潰れるなら、その前にうちは吹き飛んでいるよ」と答えた時、先ほどの会長が必死で承継予定の会社を選んだという話が、実感をもって社員に受け止められ、質問のチグハグさに気づいて一同大笑いになりました。みんなの心が決まった瞬間でした。

 ## 後日談

　今回の承継の話を誰に聞いたのか、市長から会長宛に「うちの街に上場会社を誘致してもらったようなものです。本当にありがとうございます。後日改めて表敬訪問をさせてください」という連絡が入ったそうです。確かに中小企業の従業員17名はその日から上場企業のグループ会

社の社員となり、取引先は上場会社との口座を開きました。企業同士の
ネットワークによって日本の地方都市を活性化するヒントにつながると
いう意味で、限りなく大きな可能性を示してくれた承継でもあったので
す。

 ## この事例から学ぶこと

▶ **ポイント1**　トップ面談の事前準備

　企業概要書や様々な資料を通じて定量的な視点から相手を分析する方
法とは別に、売手・買手双方の社長が直接会って相互の人柄や想いといっ
た定性的な視点から相手を確認するのが、トップ面談です。今後を左右
する重要な面談です。

　とはいえ、年齢と実績を重ねた経営者が「初めまして」と出会って、
いきなり話が盛り上がることはそうそうありません。短い時間で価値の
ある面談にするには相応の準備が必要です。トップ面談に立ち会う支援
者もその点を心得て、「創業の想い」「第三者承継を考えた理由」「会社
の理念や目的」「社員教育についての考え方」といったテーマを事前に
決めておき、話してもらう内容をそれぞれで準備してもらっておくとよ
いでしょう。

　　　　　　　　　👉 企業概要書については第2章で解説

▶ **ポイント2**　社員説明会の開催について

　第三者承継の実施を譲渡側企業のステークホルダー（利害関係者）で
ある「株主」「役員」「社員」「取引先」等に誤解なく伝える方法やタイ
ミングは、とても重要です。例えば社員の立場でM&Aと聞かされれば、
買収される、乗っ取られるといった印象を持ち不安に思うかもしれませ
ん。説明の仕方やタイミングを間違えれば、マイナスの印象が先行し、「給
与が下がる」「休みが減る」「人間関係が難しくなる」といった根も葉も

ない噂が広がったり、会社を辞めたりする人が出るといった最悪の事態につながることもあるのです。小規模企業の離職リスクのインパクトは、中規模以上の企業とは比較になりません。100名の会社で3名退職するのと5名の会社で3名退職者が出るのとでは、まったく意味が異なります。

　慣れ親しんだ会社を辞めたい人はいないはずです。それでも離職するのは、働き続けたい気持ちにも増して不安が大きいからです。その不安を払拭し、安心してもらうことで離職リスクを回避するのが社員説明会の大きな目的です。

　そのため、説明会では売手・買手双方の代表者が同席し、M&A後に至った背景、相手を選んだ根拠、そして引き継いだ後のビジョンを語り、その上で不安があれば質問を受けるといった内容で行われるケースが一般的です。

　この事例では買手側を入れずに説明会を行いましたが、それはE会長の考えによるものです。買手側がいたら質問しにくいこともあるかもしれないという配慮と、M&Aとは何かをきちんと把握してもらった上で最終契約の前に自分が選んだ相手を説明し、社員全員と腹を割って話すことが最も社員の安心につながるという会長の考えを踏まえての実施でした。

事例6

病気で清算を決意した社長に取引先社長から承継の提案
～世界シェア20%を支える高い技術ともども未来につながった事例～

清算を知った取引先社長が引継ぎを申入れ

　顧問先のM社長が経営するのは、社員数250名ほどの製造業です。製品は世界で20％近くのシェアを持っています。

　そのM社長より「取引先の鋳造所のK社長が病気になり会社をたたむという連絡が入った。弊社の製品はその会社の技術に支えられており、もし廃業されたら弊社が立ち行かなくなる可能性すらあるので、会社を引き継ぎたい。しかし長年の取引もあり直接は話をしにくいので、間に入って支援をしてもらえないか」という相談を受け、隣県にある鋳造所を訪問しました。

　K社長は、車椅子に乗って対応してくれました。父親の代から60年鋳造所を営んでこられた2代目です。息子さんは東京で就職し引き継ぐ見込みはないので、24名の従業員や取引先のことを考えると申し訳ないが廃業しかないと考えていたそうです。

　ですから、M社長から声を掛けてもらい、「このように都合の良い話があるとは思ってもいなかったので本当に感謝している」と話してくれました。

社長も内心では清算を躊躇していた

　実は、Ｋ社長は会社を清算すると決めたものの、内心では悩み続けていました。

　Ｋ社長が相談をした顧問税理士は、会社を清算した場合のシミュレーションが必要だと判断し、工場の機械をスクラップして更地に戻した場合の費用まで調査して計算をしました。とても丁寧なシミュレーションでしたが、その内容がＫ社長の悩みの種でした。

　会社にある資金だけでは社員の退職金や清算にかかる費用のすべてを賄うことができず、個人の資金を3,000万円ほど持ち出す必要があったのです。工場用地がすぐに売却できればよいですが、土壌汚染に関する調査に要する時間等を考えると簡単ではないでしょう。

　これからの闘病生活に加えて会社の清算でも家族に迷惑をかけると申し訳ない気持ちになって、すぐには清算を決断できずにいたのです。

 ## 譲渡対価で社長の退職金も確保

　Ｋ社長は本当に堅実な経営をされており、見せていただいた決算書からもその人柄が滲み出ていました。会社は、社長が営業、弟の専務が工場長という役割分担をしていたため、営業部分を引き継げば継続は可能でした。

　社長の退職金を含む譲渡対価7,000万円にて、短期間で譲渡手続も終えることができました。

 ## 譲渡後も会社は順調に成長

　会社の譲渡から３年後、Ｋ社長は安らかに息を引き取ったそうです。社長が育ててきた会社は、今もＭ社長のもとで成長を続けています。実は、Ｍ社長が引き継いで１年後の決算では、鋳造所創設以来初めてとなる決算賞与として金一封が全社員に支給されました。

K社長が育ててきた高い技術に惚れ込んでいたM社長が営業をするようになったことで付加価値の高い仕事を受注できるようになり、経営成績が上向いたのです。

この事例から学ぶこと

▶ ポイント1　第三者承継の可能性に気づくのは誰でもいい

　仮にM社長がK社長から会社が引き継がなかったら、どうなっていたでしょうか？

　まず、社員24名は職を失って再就職先を探さなくてはなりません。鋳造所がたくさんある地域ではないので、熟練工としてのスキルを活かした再就職が困難なだけでなく、会社が持つ技術という資産も失われてしまったでしょう。従業員本人だけではなく、その家族も困窮したかもしれません。社員がお昼に定食を食べている近くの定食屋さんも維持できなくなったかもしれませんし、M社長のように取引先も少なからず影響を受けたでしょう。

　企業は社員の生活や取引先を通じて地域経済と有機的に絡み合って存在しています。そこから1社でも企業が消えてしまうという事態は、周囲に想像以上の影響を及ぼします。未来に残す必要のある企業をいかに承継していくのかは、その会社だけの問題ではありません。もし、皆さんがK社長のように会社の継続に悩む社長と出会ったら、第三者承継の可能性を提案してください。

▶ ポイント2　直接交渉をしない

　M社長は、会社を引き継ぎたい意向だけをK社長に伝え、その後の対応は支援者を活用して進めました。これはとても大切なことで、売手と買手の利害は常に対立します。承継時の細かな条件が自分の思い通りになるとは限りません。事例の中では触れていませんが、実際は、譲渡金

額について、当初当事者から出された金額には乖離がありました。そのまま当事者が直接話をしてしまえば、感情的なこじれが起きてしまい、せっかくの承継がうまくいかなかった可能性があります。会社を大切に思う経営者であればなおのことです。これは過去において面識があるとか、取引先であるとかは関係ありません。承継を成功させるためには、直接交渉は避け、信頼できる人を間に入れることは大切なポイントです。

▶ ポイント3　依頼人の真のニーズを見抜く洞察力とそれに応える提案が求められる

「病気になったので会社を続けられない。会社を閉じたい」という依頼人の相談に応じ、会社の清算シミュレーションをする。この顧問税理士の対応に間違いがあるでしょうか？　依頼人のニーズに誠実に、真面目に応えていますし、多くの専門家も同様の対応をするのではないでしょうか？　私も以前であればそうしたと思います。確かに間違いではないのですが、しかし正解ではありません。この事実は大きな衝撃です。

　K社長は清算をしたいのではないのです。恐らく、病気になり、会社を継続できず自分が目の黒いうちに周囲に迷惑をかけない出口の選択をしたいと考えたはずです。しかし、K社長は第三者承継という出口があることを知らないので、会社を閉じたいという表現しかできませんでした。

　私達専門家は依頼人の発した言葉を額面通りに受け止めるのではなく、その背景にある真の目的を汲み取り、その実現のためにより良い手段があればその提案をしなければいけません。難しいことですが、そこに挑戦しなければいけないことを痛感した事例でした。実は、この事例をきっかけに私は士業のネットワークを設立することになるのです。

事例7 最終合意目前でのマリッジブルーを乗り越えて株式譲渡が成立 ～譲渡側経営者がためらいを見せたときの支援者の対応～

トップ面談を終えて

　本事例で第三者承継の支援を行った企業は、剣道7段の社長が創業した外壁工事の下請け会社です。奥様と社員1名で運営していますが、社長の丁寧な仕事は取引業者から高い評価を受けていました。事務所の横にある資材が整然と並んでいる倉庫からも社長の人柄が伝わってきます。

　社長には娘さんが2人おられたのですが、跡を継ぐことはなく、長女は既に嫁いで家を出て、次女も結婚が近いとのことでした。現在63歳でまだ現場を離れる気はないのですが、早めに後継者を探しておきたいというご相談でした。

　急いで相手を探す必要はないので、プラットフォームに掲載して1年ほど様子を見るという方針になりました。半年ほどで7社から問い合わせがあり、その中の1社とトップ面談に進みました。

　面談してみると、多くの職人を抱える外壁塗装の会社を親戚から引き継ぎ、更に大きく成長させた清潔感のある気持ちの良い方でした。特に職人への教育方針には好感を持ち、売手の社長と奥様は「本当に良い方とのご縁をつくっていただいてありがとうございます」と面談後に感謝の言葉をくださいました。

　話を前に進めたいという両者の意向を踏まえ、買手のFAと基本合意に向けた条件整理を進めていた最中、売手の社長から私に連絡が入り、

「色々と考えたが会社を譲るのはもう少し先にしたい。先日の社長にはいったんお断りをしてほしい。良い人を見つけてくれたのに申し訳ない」という、先日の反応からは想像できない話を受けました。

さらに、「妻を辞めさせようとしていることについても妻が難色を示している」と言うのです。特に奥様の件については、奥様自身が何度も「私はこの譲渡が実現したら、会社を辞めてゆっくりしたい」と何度も仰っていたので、奥様の退職を条件にしていたのですが、どうもそれは本心ではなかったようでした。「とにかく一度お伺いしてお話を聞きます」と言って、2日後にアポイントを入れて電話を切りました。

譲渡側経営者が必ずと言っていいほど陥るのが「マリッジブルー」

相手が具体的になってきた時に、譲渡側の経営者のほとんどが「本当にこの相手でいいのだろうか?」「譲渡後に仕事を辞めた後はどうしよう?」といった不安に陥ります。結婚を前にした男女が大きな変化を前に不安な状態に陥るマリッジブルーとよく似ています。

今回の社長も、相手に不満はなくむしろ良い相手だと思っているのですが、「まだ体力的にも今のまま経営も仕事も続けられる」「会社を譲渡しても引き続き仕事をしてくれとは言っているが、優秀な経営者なので自分の古いやり方では迷惑をかけて結局いづらくなるかもしれない」「もう少し自分で自由に経営をしたい」といったことを1人になった時に色々と考えたのだと思います。

そこで、私は社長や奥様が前に進めるか否かを判断しやすいよう、この承継のメリットやデメリットと、デメリットを回避する条件を書面に整理しました。訪問時、その内容の読み合わせをするとともに、文書として2人の手元に置いてきたのです。その内容は、以下のとおりです。

① 今回の第三者承継を進める場合

メリット	デメリット
・大切な我が社が次世代に継承される。 ・買手との相乗効果が生まれ、我が社がさらに成長できる。 ・買手は我が社の株を取得し、安心して新規事業の準備ができる。 ・社長の体力が許す限り仕事をしてほしいと考えている好ましい買手である。 ・これまで会社を育ててきた1つの成果として、株式譲渡による対価が手に入る。	・退職前に株式を譲渡するので、社長が代表者を解任される可能性がある。 ・代表権が残るので、新業務への責任も法的に負うことになる。 ・退職金を受け取る時期が、株式譲渡より後になるため、退職金の支給がその際の経営状態、財政状態に左右される可能性がある。

② 今回の買手とのご縁を断った場合

メリット	デメリット
・これまでのやり方と環境で経営を継続できる。	・後年、もう一度相手を探そうとした際に、今回以上の候補先が出てこない可能性が高い。その場合、 　ⓐ　妥協して相手を見つける 　ⓑ　清算して会社が消滅する 　ⓒ　取引先の職人が困る 　ⓓ　譲渡対価が手に入らない となる可能性が高まる。 ・今後、社長に健康上の問題が発生した場合、即事業が止まり、上述と同じ問題が生じる。

③ 改めて提示する条件

1　仕事が人生であり、譲渡後に仕事をしない生活は考えにくく、また、これまで取り組んできた仕事を納得いくまで仕上げたいと考えている。したがって、体力の許す限り（契約上は2年間を目処と表現したい）仕事を継続できる契約にしたい。

2　代表権の譲渡は２年経過後を目処としたい。報酬に関しては、代表者を引くまでは現状維持とし、退職後は報酬を１／２以下に引き下げ、後進の育成や業務のサポートにあたる。

3　これまで業務を経理のみならず様々な面からサポートしてもらってきた妻には、株式譲渡後も１年間は役員として残ることを認めてもらいたい。

4　今後、公共工事に参画するといった取組みを計画していくことは大変有意義であると受け止めているが、本事業を私がリードするのは難しいので、新たに事業部を立ち上げ、御社にて推進していただきたい。責任者に代表権を付けても構わない。

5　１～４を踏まえ、株式は当年譲渡し公共工事への参入の準備は安心して進めていただき、私は２年経過後を目処に代表者を引き、退職時に、退職金をお支払いいただく契約にしたい。

基本合意の調印式で小規模M&Aの難しさを痛感

　このプロセスを経たことで、社長と奥様も考えが整理でき、その後やっぱりやめたいという発言が出ることはありませんでした。基本合意の調印式の挨拶で、社長が「私には２人の娘がいますが、長女に続いて次女も先日嫁ぎました。そして、今日、３人目の娘を送り出す心境です」とおっしゃると、隣に座っていた奥様が感極まって声を漏らして泣き出してしまいました。先日お会いした時は「これで私は楽になる。会社を売ってさっぱりした」といっていた奥様とのギャップに意表をつかれましたが、それが本心なのです。表に出てくる言葉とは裏腹に会社を娘のように思えるほどの想いがあるからこそ「本当にこの相手で良いのか？」という迷いが生まれることがよくわかる事例で、改めてこの心理を無視して小規模M&Aの支援はできないと強く感じました。

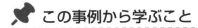
この事例から学ぶこと

▶ ポイント　譲渡側経営者は必ずマリッジブルーに陥る！
　　　　　　　その時の対応は？

　今回の事例の社長が、最終調印式の際に３人目の娘を送り出す心境だと言われたことに象徴されているように、経営者にとって自らの人生を賭して向き合ってきた会社は子供のような存在です。その子供のような会社の将来を託すのですから、「本当にこの会社で良いのか？」という迷いは例外なく生じます。ましてや、まだ体力的にも自信があり、すぐに承継しなくてもいいのではないかという想いがあれば、「やっぱりもう少し先でいいのではないか」と迷うのは当然です。更に言えば、今回のお相手は本当に優秀な経営者で、引き継いだ後のビジョンは、社長が「それはいい！」と思わず言いたくなるような内容でした。その社長が承継したら、「自分の出る幕はもうなくなるのではないか？」と強く意識したのかもしれません。

　このように誰もが陥る「迷い」を前にした時に、立ち返るべきは目的です。「この第三者承継を何故しようとしたのか？」「その目的はこの相手で実現できるのか？」「できないとすれば、何が足りていないのか？」「何を相手に確認すれば良いのか？」「もし、この承継が実現しなければ、将来自社はどうなるのか？」を再確認し、繰り返し確認できるよう文章にします。

　支援者と話している時は納得するのですが、打ち合わせが終わり、1人になって悶々と考えてまた不安になります。その時に文章にしたものがあれば読み返すことで再度自分を納得させることができるのです。経営者がマリッジブルーに陥らないようにするのではなく、陥ることを前提として常に目的を確認しながら準備を進めていくことが大切だと考えます。

第 2 章

第三者承継 (M&A) の実務

　第2章では、はじめに「事前準備」から「経営統合後」の取組みに至るまでの全体の流れを整理します。次に、各プロセスで第三者承継の当事者である、①被承継者（売手）、②承継者（買手）、③支援者（FA・仲介者）の3者がそれぞれ取り組む内容や注意点について整理します。

　ご自身の立場と関係がある部分を押さえるのはもちろんですが、自分以外の当事者が各プロセスでどのようなことに取り組むのかも確認することで、第三者承継がより成功に近づく可能性を高めます。

　売手・買手の当事者と支援者が内容を一緒に確認しながら実務を進めていくための教科書として活用してください。

1 第三者承継の全体の流れと期間

(1) 全体の流れ

◆図表 2-1

売手（セルサイド）	①事前準備　資料作成	②相手探し	③条件整理・検討	④クロージング	⑤PMI
買手（バイサイド）	①事前準備				

　第三者承継（M&A）の全体の流れはシンプルに言うと、①「事前準備」
→②「相手探し」→③「条件整理・検討」→④「クロージング」→⑤「PMI」
となります。

　それぞれのプロセスで行うことを更に細かく整理すると次のようにな
ります。資料の固有名詞や専門用語について解説していくと読みにくく
なってしまいますので、それらの詳細はこの後詳述します。

Process 01：事前準備

売　手：第三者承継を出口として選択する意思を明らかにした
　　　　ら、確かな支援者を探しつつ 3 ～ 5 年をかけて準備を
　　　　行います。相手を探すために必要となる資料として「ノ
　　　　ンネームシート」や「企業概要書」を作成します。

買　手：プロジェクトを組み「M&A戦略」を明確にします。

支援者：売手・買手の事前準備を支援します。

↓

Process02：相手探し（ファインディング）

売　手：「ノンネームシート」を多くの候補企業に見てもらうべく「プラットフォーム」への掲載や「ロングリスト」の作成を行い、自社を引き継がせ未来を託すに足りる相手を探します。相手が見つかったら、「企業概要書」を開示し、トップ面談や追加情報の提供、施設見学の対応等を行います。

買　手：「プラットフォーム」の活用や「ロングリスト」の作成を行い、自社の成長戦略に合致する企業の探索を行います。候補先企業と「秘密保持契約」を締結し、「企業概要書」の確認や必要に応じて追加資料の請求、トップ面談や施設見学を行います。引継ぎを決めたら、承継後のビジョンや条件を整理した「意向表明書」を相手に提示します。

支援者：手持ちの情報を相手探しを行っている依頼者に提供したり「プラットフォーム」での相手探しを行ったり、依頼者と一緒に「ロングリスト」を作成して候補先企業へのアプローチ支援をします。相手が見つかったら、「秘密保持契約」締結、「企業概要書」開示、トップ面談や追加資料の整理等の支援を行います。

Process03：条件整理・検討

売　手：「意向表明書」の内容を確認し、必要であれば条件交渉を行い、その相手と話を進めるか否かについて結論を出します。納得した場合は、緒条件を「基本合意書」にまとめ調印式を行います。

買　手：提示した「意向表明書」に対して売手から要望があれ
ばそれに応じるか検討を行います。納得した場合は、
諸条件を「基本合意書」にまとめ調印式を行います。

支援者：売手と買手の想いを汲んで、希望が実現するよう条件
を整理していきます。弁護士以外が報酬を得て交渉の
代理をすることは「非弁行為」にあたるので注意が必
要です。条件が整理できたら、「基本合意書」を作成し
調印式の開催をサポートします。

↓

Process04：クロージング

売　手：買手が実施するDDに対応し、リスクが発見されれば
解消に向けた対応を行います。また、事前に説明を要
する主要取引先、メインバンク、幹部社員等を整理し、
買手の社長と説明を行います。最終契約書を交わし、
資産の譲渡と対価の受取り、役員の入替え等を行いま
す。

買　手：DDの実施内容を検討し、専門家に実施を依頼し、リス
クが発見されたら対応を検討します。また、売手の社
長と主要取引先等を整理し、挨拶回りを行うとともに、
資金調達の準備をします。すべて調ったら最終契約の
締結です。

支援者：DDを支援し、資金調達や主要取引先や社員説明会等を
先回りしてサポートします。条件がまとまれば「最終
契約書」を作成・精査を行い、引渡しを支援します。

↓

> ### Process 05：PMI（Post Merger Integration：譲渡後の経営統合）
>
> **売 手**：買手企業が更なる成長発展を実現できるよう、スムーズな引継ぎを支援します。
> **買 手**：経営統合、信頼関係の構築、業務統合を行います。
> **支援者**：買手が事業を引き継ぎ、成長できるよう各方面から支援を行います。

(2) 期間

　第三者承継に要する期間についての質問が多いのですが、相手が見つかる時期が不確かであることもあり明確に答えることはできません。【**第1章** 事例1】のように、すぐに相手が見つかるケースでは、3カ月あれば最終プロセスまで辿り着くことはできます。また、なかなか相手が見つからず、引渡しまでに5年以上かかったケースもあれば、相手を見つけられずにやむなく清算したケースもあります。特に売手は、代表者の年齢や資金繰り等を勘案し、いつまで相手探しを行うのかを明確にしておくことが必要です。

2 支援者が必要な理由と支援方式の種類

(1) 売手・買手の直接交渉は避けた方がいい？

　「売手」と「買手」が直接交渉して承継が実現すれば支援者は不要ですが、相互の想いや利害が複雑に絡む第三者承継において、直接交渉は必ずしもうまくいくとは限りません。

　というのは、売手の社長が決して高く売りつけたいと思っていなくても、人生をかけて育ててきた会社の評価が低ければ面白くないですし、買手側が買い叩こうと思っていなくても、M&A後のことを考えると少

◆図表 2-2

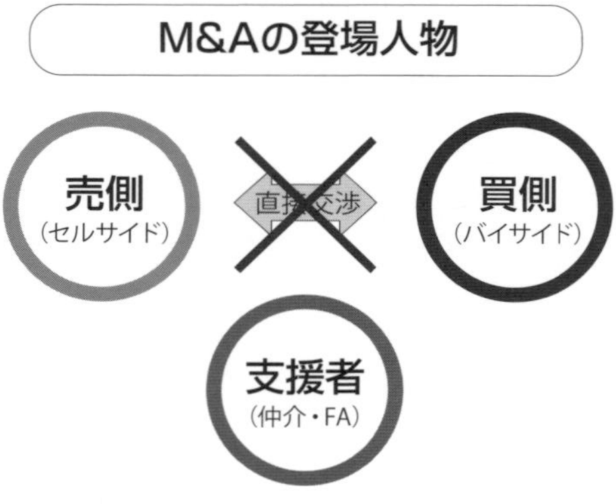

しでも安い方が助かるからです。その両者で直接本音の交渉をすれば、破談や妥協での承継が将来に禍根を残し、承継が失敗するといったケースは少なくありません。

　物品の引渡しによって売手・買手の関係が終了する取引と異なり、事業を承継するM＆Aでは引き渡した後の売手・買手の関係性が何より大切です。事業を引き渡した後、譲渡した社長が取引先に「あんな買手に譲るのではなかった。大失敗だ。詐欺にあったようなものだ！」と喧伝して回ったらどうでしょう。逆に、「とても良い企業に承継してもらった」と伝えて回るとしたら？　引き継いだ側のその後の経営の成果が、両者の関係性で大きく変わってくることは容易に想像できます。

(2)　支援者（専門家）を上手に活用する！

　支援者を入れることで、直接交渉するより売手・買手双方の関係を良好に保って条件整理が進められます。また専門的支援があれば事前準備や相手との面談、契約書作成等々、後々のトラブルに効率よく備えることも可能となります。報酬は必要となりますが、会社の未来を左右する大切な取引ですので、依頼することをお勧めします。

　近年、小さな会社の第三者承継を支援する士業やコンサルタントも増加しており、比較的低料金で支援を受けることができるようになりまし

◆図表 2-3

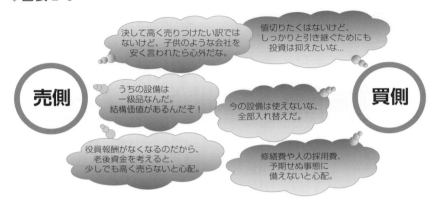

た。そこで大切なのが、支援者選択のポイントです。報酬体系はもちろんですが、まず支援方式である「仲介方式」と「FA方式」の違いを押さえましょう。

① 仲介方式

　仲介方式は売手・買手双方の間に仲介者が入って、条件や契約等の手続きを支援します。関与する人が最小限になるため、スムーズな進行が可能であり、情報漏洩リスクも抑えて進行できます。

　一方で、仲介方式は利益相反となり得るため、意図せずいずれかの利益を優先できてしまいます。また、情報漏洩リスクが低いというメリットは、裏返せば取引が閉鎖環境でなされることを意味しており、自身が不利になっていないかどうかの客観的検証ができません。取引の適正性を当事者が監視する必要があります。【第1章 事例3】は、まさにその問題が露呈した事例です。

　M&Aの報酬はレーマン方式（68ページ参照）で設定されている場合が多く、小さな会社の支援は必然的に報酬が少額になります。支援効率を高める観点から仲介での支援をさせてほしいという希望が支援者から出る場合もありますが、そのようなときはセカンドオピニオン（69ページ参照）を入れることを検討すると良いでしょう。支援者も、自身

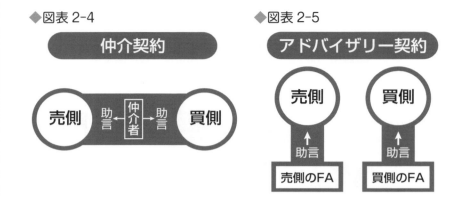

◆図表2-4 仲介契約

◆図表2-5 アドバイザリー契約

仲介契約

売側 ←助言 仲介者 助言→ 買側

アドバイザリー契約

売側 ←助言 売側のFA

買側 ←助言 買側のFA

が仲介での支援を行う場合は積極的にセカンドオピニオンを入れること
を提案することで、依頼者が安心して承継に取り組めるよう環境を整え
ることも重要です。

② FA方式

　FA方式では売手・買手それぞれに支援者を立てます。FAとはファ
イナンシャルアドバイザーの略で、金融政策のアドバイザーを意味しま
すが、近年ではM&A全般の支援を行う人を指して使うのが一般的です。
　FAは売手・買手いずれか一方と「アドバイザリー契約」を締結し、
依頼者の利益最大化を目指すので、仲介者のような利益相反とはなりま
せん。ただし、譲渡条件の検討ではコンフリクト（衝突や論争）が起こ
りやすく、仲介方式よりも諸条件の調整に時間を要する傾向にあります。
とはいえ、それは当事者同士が納得するためには必要となるプロセスだ
と言えますので、単純にデメリットと片付けられないと考えます。
　FAは仲介者と異なり報酬は契約を締結した売手又は買手の一方から
受け取ることになります。ただでさえ小規模企業のM&A支援は報酬が
少なくなるため、売手・買手双方から報酬を得られる仲介方式と比較す
ると、FA方式は売手又は買手のいずれかからの報酬しか得られないた
め、FA方式での支援を積極的に勧める支援者は少ない傾向にあります。

◆図表 2-6

	メリット	デメリット
仲介方式	・情報の機密性を確保しやすい。 ・コンフリクトが生じにくいのでスムーズな進行が可能	・利益相反となるので、依頼者との密な関係は作れない（依頼者によった支援ができない）。 ・第三者が介在しないので内容の適正性の検証が当事者にしかできない。
FA方式	・依頼者の利益最大化を考えた支援ができるので依頼者との信頼関係を作りやすい。	・コンフリクトが生じやすく、条件整備等に時間を要する場合が多い。

☞ 支援者についてチェックすべき事項は資料編を確認

☞ アドバイザリー契約書の詳細は資料編を確認

3 支援者の報酬の仕組みと注意点

(1) 報酬の仕組み

民間の支援者には、テレビ CM で見るような大手から金融機関系列の会社や地域に密着したコンサルタント等様々存在します。現状、M＆A支援には業法や資格制度は存在せず、報酬体系にも制約はありません。「成功報酬」のレートは支援者によって異なり、中には売手からは報酬をもらわないという仲介会社もあります。

支援者に依頼する場合は、「仲介方式」と「FA 方式」の違いだけでなく、報酬体系の違いも押さえておく必要があります。

実在する大手仲介会社の料金表をサンプルとして示します（**図表 2-7**）。こちらの仲介会社に依頼をする場合「着手金」と成約時の「成功報酬」を支払う必要があります。

◆図表2-7　大手支援会社の料金表

■着手金

譲渡企業の簿価総資産額		着手金
2億円以下		100万円
2億円超	5億円以下	200万円
5億円超	10億円以下	300万円
10億円超	30億円以下	400万円
30億円超	50億円以下	500万円

■成功報酬

譲渡企業の時価総資産額（営業権含む）		成功報酬
2億円以下の部分		2,000万円
2億円超	5億円以下の部分	5%
5億円超	10億円以下の部分	4%
10億円超	50億円以下の部分	3%
50億円超	100億円以下の部分	2%
100億円超の部分		1%

　着手金は「譲渡企業の簿価総資産」によって変動し、成功報酬は「譲渡企業の時価総資産」によって変動する仕組みになっており、成功報酬の最低金額が2,000万円と設定されていることから、一定規模以上の企業が対象となっていることは明らかです。時価総資産の金額が大きくなると報酬額も大きくなる計算方式は「レーマン方式」と呼ばれ、多くの支援者がこの方式を採用しています。

(2)　報酬を確認する際に押さえておくこと

①　着手金

　着手金のない業者もいます。着手金は原則として一度支払うと返ってきません。相手が見つからず、別の支援者に依頼したいと思っても着手金が足枷となり、他の支援者に依頼しにくいという声を聞きます。そうならないよう、最初に誰に依頼するかを慎重に見定めてください。

② 報酬の基準

　サンプルの料金表のように総資産で報酬が変動する仕組みであれば、借入れが大きい会社は必然的に報酬が高くなります。この点に疑問を持つ方の声をよく耳にしますが、そのような場合は純資産を基準にすれば疑問は解決します。その他に譲渡対価を基準として報酬を決める支援者もいます。何が基準となって報酬が決まるのかをよく確認しましょう。

③ 成功報酬という言葉

　承継は、引き継いだ会社が成長してこそ真の成功です。成約を成功と定義できるのは支援者だけです。

　依頼者からすれば「成功しなければ報酬が発生しないので安心だ」と受け止めるかもしれませんが、支援者からすれば成功させなければ報酬が貰えないのですから、強引にでも成約させたくなる心理が働きます。そのマッチングが本当に自身にとって良いのかを、支援者に依存せず判断してください。

4 　実は使える、セカンドオピニオン

　「仲介方式」や「FA方式」、その「報酬体系」を基準として支援者を自由に選べれば良いのですが、仲介方式での支援しか行わない支援者に依頼せざるを得ない場合があります。

　例えば、【第1章 事例3】のように仲介者が自分の希望に合致する譲渡企業情報を持ち込んできた場合、その話を進めたいのであれば、仲介契約を締結せざるを得ません。

　そうなると、信頼関係も何もない仲介者に会社の命運を分ける大切なM&A支援を依頼せざるを得なくなります。自分自身が第三者承継についての知識や経験を持ち合わせていれば良いですが、そうでなければ、トップ面談や契約書の確認、DD実施の判断や手配を自分で行わないといけないのです。仲介者も相談には乗ってくれますが、あくまで仲介者

◆図表2-8

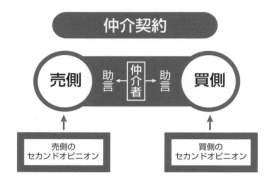

ですから、自分に100％有利になるアドバイスをしてくれる立場ではありません。

　そのような場合に検討すべきことが、自分の信頼できる専門家に「セカンドオピニオン」を依頼する方法です。セカンドオピニオンは中小企業庁が2020年に発表した「中小M&Aガイドライン」においても推奨されています。

　仲介者にはセカンドオピニオンを依頼することを通知し、その後の打ち合わせにも立ち会ってもらえれば専門用語が飛び交う中でも安心です。やましいところがなければ仲介者もセカンドオピニオンを拒否することはできないでしょう。契約書の内容等不安な点も一緒に検証してもらえます。

　M&Aのセカンドオピニオンの報酬については、現時点では事例も少なく相場等は明確ではありませんが、少なくとも成約までの一定期間、M&Aの知識を持ったブレーンをそばに置いて会社の命運をかけた相談を行うのですから、役員として報酬を支払うくらいの価値はあると考えます。

　　　👉 セカンドオピニオン契約書の詳細は資料編を確認

事前準備

1 『買手側』が行う事前準備とは？

(1) 起業や成長にM&A戦略を加えることが不可欠な理由

　東京商工リサーチが2021年に行った調査結果によると、企業の平均寿命は23.8歳だそうです。この結果から企業は約20年のサイクルで衰退期に入り、その前に次の成長戦略を描けなければ淘汰されることがわかります。

　生き残りをかけ、自社で「ゼロ」から「イチ」を生み出す挑戦をする必要がありますが、その他にも成長戦略を描く手段があります。それが、後継者不在企業127万者の中から成長戦略を実現できそうな企業を探すという手段です。既に事業基盤を確立し、様々な経営資源を持つ127万者が、後継者不在により清算しようとしています。それら会社の中には、自社が更に成長するために必要な経営資源が眠っている可能性はとても高いかもしれません。しかも、そこにはゼロイチのリスクがありません。同じことは、起業を志す学生やサーチャー、独立を考えるサラリーマンにも言えます。

　とはいえ、何の戦略も立てず、たまたま仲介会社が持ってきたノンネームシートを見て「試しに一度M&Aに取り組んでみてはどうですか？成長企業はみんなM&Aをしていますよ。補助金も使えますし…」と

いう口車に乗って M&A をした結果、本業まで傾いたという事例もたくさんあります。

　成長を志す経営者、更に伸びようとする企業は日本の未来にとって大切な財産です。事業の引継ぎには絶対に失敗してほしくはありません。では失敗しないためにどのような準備をすれば良いのでしょうか。

　そのためには、【第1章 事例2】で紹介したような「M&A による成長戦略」を立案する必要があります。ここでは、M&A 戦略の立案のポイントを確認していきます。

(2)　買手のM&A戦略に必要なプロジェクトチーム

　第三者承継の失敗要因の多くは「人的資源の読み誤り」に起因します。M&A をすれば事業が増え、仕事が増え、その増加分を切り盛りできる人材が必要になります。もちろん引き継いだ企業にも人はいますが、引き継いだ側でリードしなければいけません。

　そういった問題が起きないように、戦略立案の段階からプロジェクトを組んで社員を巻き込み「なぜ第三者承継を行うのか？」「自社の成長のために、どんな会社を引き継げば良いのか？」といった議論をすることで、社員にも第三者承継に対する当事者意識を持たせるのです。第三者承継が自社に必要なことはもちろん、日本の未来に貢献することを知れば、誇りを持ってプロジェクトに取り組んでくれるでしょう。「社長に言われたので引き継いだ会社の支援をする」という受動的なスタンスではなく、前向きに取り組む社員の育成につながります。

＜プロジェクトを組むことで期待される効果＞

・社長の思考と現場の視点の統合により戦略に厚みを増す。
・社員の当事者意識を引き出す。
・社長が暴走したときに立ち止まって一緒に考えるメンバーが育つ。
・プロジェクトメンバーに社長のビジョンを伝えられる。
・対象企業の条件を整理することで、社員が自社の課題に気づく。

⑶ 　M＆Aを行う目的を明確にする

　多くの中小企業を取り巻く出口の課題（序章参照）に対して、自社が
どのように向き合うのか。また、第1章の事例等を参考に今後の自社の
成長の手段として第三者承継に取り組む意義がどこにあるのかをテーマ
に、メンバーで議論してください。議論した内容を最終的に文章として
まとめておけば、売手企業に渡す承継意向表明書等に活用できます。

⑷ 　専門家を上手に活用するための基礎知識を習得する

　「M&Aは法律のるつぼ」と言われるほど多方面の法務が絡みます。
必然的にアドバイザーや多くの専門家の支援を受けながら進めることに
なるのですが、その際、専門家に任せきりにするのではなく、第1章の
事例2や事例3で触れているように、経営者やプロジェクトメンバーが
M&Aのそれぞれのプロセスでやるべきことを把握しておき、専門家を
より効率的、効果的に使いこなす必要があります。

　とはいえ、M&Aの必要性を訴え、M&A支援者が自社に相談に来て
もらう営業を目的としたセミナーはよく見かけますが、小規模M&A
の手順や注意点を経営者向けに体系立てて説明・解説しているような研
修は、それほど多くはないようです。

　この現状を少しでも変えようと、私達の運営する一般財団法人日本的
M&A推進財団では、所属する士業が企業ごとに勉強会を開催する支援
を行っています。そういった研修を探すことはもちろんですが、この書
籍をテキストとして勉強していただくだけでも十分基礎的知識は身につ
きます。

　専門家は、あくまでも専門分野に精通したスペシャリストです。オー
ルマイティではないという事実を踏まえ、専門家を上手に選択・活用で
きる経営者やプロジェクトメンバーになってください。

⑸ 既存事業の成長か、新たな事業の柱かを検討する

　事業の成長には、既存事業の柱をより太くしていく方法と、既存事業と異なる新たな事業の柱を立てる方法の２つがあります。【第１章 事例2】では、既存事業の柱を太くする方向性から、新たな柱を立てる方向に舵をきった経緯が描かれています。

　M&A 戦略の立案にあたり、この２つの方向のいずれかもしくは両方から立案を進めるのかを明らかにして対象企業を明確にする必要があります。その際、検討すると良い項目を列挙しておきますので参考にしてください。

> 「業種・業態」「所在地」「財務（売上、利益）」「社員（数、資格、技術）」
> 「設備」「仕入先」「販売先」「権利・許認可・特許・商標」「特徴や個性」
> 　　　　　　　　　　　　　　　　　　　　　　　　　　　　　　　　等

⑹ 現状分析の方法

　対象企業を考える上で、自社の現状を把握する必要があります。現状把握には様々な方法がありますが、「財務分析」「SWOT 分析」「PPM 分析」等を活用すると良いでしょう。コンサルタント会社に依頼するのではなく、現場を知るプロジェクトメンバーがシートに書き込んだものを持ち寄って議論すれば、充分厚みのある現状分析が可能です。

2　第三者承継によるシナジーとは

　「１＋１」を「２」以上にすることを相乗効果（シナジー）の創造と言います。

　図表 2-9 にあるように、左の三角形（売手企業）と右の三角形（買手企業）が重なることで、より大きな三角形を創り出せば、四角い部分

◆図表2-9

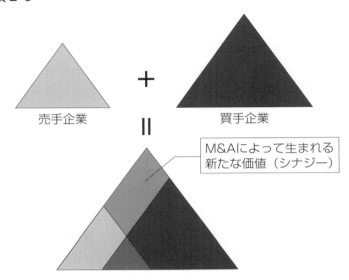

売手企業　＋　買手企業

＝

M&Aによって生まれる
新たな価値（シナジー）

が今までになかった新たな価値（相乗効果）として創造されます。これが、第三者承継によって実現したい価値です。

　和食には「和える」という調理法があります。複数の食材を混ぜるのではなくて、和えることで、それぞれの食材の個性を失わせることなく、全体として新たな料理が生まれる、そのようなイメージです。

　【第1章 事例2】のIT企業は創業130年の老舗かまぼこ店を承継したことで、職人の勘と経験に基づいていた製造工程を分析、数値化することで味や品質を均一化するとともに、ECサイトでより多くの人々に無添加の体に良い食品を届ける挑戦をスタートしました。こうした取組みにより新事業であるかまぼこの製造・販売を軌道に乗せられれば、分析・数値化する技術を活かして他社の職人の技術を残す仕事の依頼が増える可能性もあり、培ったIT企業の技術を今まで活かしきれていなかった分野に広げていくことにもつながります。

　世の中には様々な「和える」が存在するはずです。埋もれた良いものを引き出し、新たな価値創造に挑戦していきたいものです。

＜相乗効果を考える切り口＞

① **シェアの拡大【第1章 事例1】**

　　シェアが拡大すれば購買力が高まり、原価が抑えやすくなることで、利益率の向上が可能になります。また、価格決定権を持つことにつながり、安売り競争から脱却し適正利益の確保が可能になります。

② **仕入先や販売先との結合【第1章 事例6】**

　　仕入先や販売先と結合することで、川上産業に消費者ニーズをいち早く届け、社会のニーズに対応した商品の製造を実現させるといった効果が期待できます。またサプライチェーンの断絶を未然に防止することが可能です。

③ **許認可、特許、称号、歴史を取得する【第1章 事例2 ・ 事例4】**

　　取得に時間のかかる許認可や特許等は、既にそれらを保有する企業を承継することで短期間に取得することが可能です。また、老舗と呼ばれる企業を引き継ぐことでその歴史に裏づけられた信用を勝ち取ることができます。

④ **人材確保【第1章 事例5】**

　　自社が必要とする人材のいる企業と統合すれば、雇用やノウハウ等を素早く手に入れることができます。

⑤ **他の地域（海外）へ進出する【第1章 事例5】**

　　既にその地域との関係を構築し、商慣習、法律やルールに適応している企業のM&Aは、国家間の格差や地域間の格差を瞬時に乗り越えることを可能とします。

⑥ **新規事業へ進出する【第1章 事例2 ・ 事例7】**

　　自社独力で新規事業を立ち上げる場合、時間や費用のロスに対する覚悟が求められますが、新規事業に既に取り組んでいる企業とのM&Aが実現すれば、新規事業立ち上げのリスクを減少させることが可能です。

⑦ 短所克服、長所進展を行う【第1章 事例1 ・ 事例2 】

　　自社の強み、弱みを活かせる事業分野へ進出することで、既存事業の可能性を伸ばすことにもなり、大きな相乗効果が期待できます。

⑧ 事業を再生させる

　　業績が悪化している事業を再生できる知識や経験といったスキルやノウハウがあれば、比較的安価にM&Aを実行できる可能性があります。M&A後に業績の悪化した事業を改善すれば、投資効率の高い事業の引継ぎが可能です。

⑨ 時間を買う

　　以上の①〜⑧は自社内の努力で獲得することもできますが、既に確立したものをM&Aで取得することで時間的なアドバンテージを得ることができます。

3 『売手』の事前準備は早いほど良い！

(1) 数年前からの準備

① 出口を明らかにする

　法人でも個人でも、いったん事業を開始すると、経営者は必ず「①上場」「②親族内承継」「③第三者承継」「④清算」「⑤倒産」の5つのいずれかの出口を迎えます。これは避けようのない事実ですが、多くの経営者がその選択を先送りしてしまったり、選択肢についての理解が不十分であったりするために多くの問題が起きていることは事例等を通じて前述した通りです。そこで、すべての経営者が取り組むべき課題は、常に現時点における事業の出口をどうするかを明らかにしておくことです。「出口戦略検討シート」を参考にしていただき、あくまでも現時点の考えを明らかにしてみてください。

☞ 出口戦略検討シートの詳細は資料編を確認

② 確かな支援者を探す

　事業の出口の選択肢に第三者承継（M&A）が入っているのであれば、身近に相談できる人を見つけておくことが重要です。近年小規模企業M&A の支援を行う民間業者も増えていますし、中小企業庁のサイトには登録支援機関が掲載されています。ただし、中小企業庁の登録制度は2021 年にスタートしたばかりであり、現時点では登録のハードルはさほど高くないので、登録されている支援者の実力や経験等は担保されていません。他の民間機関も含め、「どのような支援をしているのか？　支援実績はあるか？　報酬はいくらなのか？　着手金は必要なのか？」といった内容について、複数の支援者と面談等を行い自社に合う支援者を見つけておきましょう。

⑵　出口を第三者承継に決めてから行う準備

①　「何を渡すのか」を明確にする（株主や株券の確認）

　承継の対象は何でしょうか。株式、事業、技術、社員、取引先、看板…等々、経営者によっても考え方は様々あると思います。何を承継したいのかを明らかにして、その対象を承継する最適な方法、つまり譲渡スキームについて支援者を交えて検討してください。

　場合によっては、事前に会社を合併や分割したり、株主の整理に時間を要したりすることもあります。早めに取り掛かる方が安心です。

☞ スキームについてはProcess02「6　売手の譲渡スキームの考え方」参照

②　決算の組み方が変わる

　親族内承継と第三者承継では決算の組み方が変わります。一般的に親族内承継であればできるだけ株価を下げて経営権を後継者に移転しやすくしますが、第三者承継ではできるだけ企業価値を高く評価してもらえるようにしなければなりません。そのためには事前に財務内容を見直しておく必要があります。次に代表的なポイントを示しましたので、顧問税理士等専門家と相談してください。

- ・長期滞留債権や不良在庫、不良資産があると印象が良くありません。できるだけ早めに債権放棄や除却といった処理をしておきます。
- ・遊休資産や本業に直接関係のない資産で現金化できるものはタイミングをみて現金化しておきます。
- ・本業の収益力を測りやすくするために、節税目的の経費や経営者固有の経費があればストップすることを検討します。

③ 諸規程を見直さないと評価が下がる

就業規則や賃金規程、退職金規程等が実態に即しているかを確認してください。買手は未払い残業代や退職金債務の確認をそれらの規程に基づいて行います。随分前に作って実態と乖離しているといった場合は、DD 時に不利になる可能性もあるので見直しを行っておきましょう。

④ 設備投資は極力控える

設備投資の実行は現金の減少又は負債の増加を意味します。投資した設備が必ずしも買手にとって魅力があるとは限りません。もちろん事業継続のために必要な投資は行うべきですが、現金が多い（又は負債が少ない）方が評価は高くなりますので、判断に迷う場合は見送りを選択することをお勧めします。

⑤ 取引企業や従業員との契約書を整理しておく

歴史のある企業は特に、取引先との取引契約書や従業員との雇用契約書がない場合があります。現社長にとっては取引先や社員とは長い歴史に裏づけられた信頼関係があるので契約書は不要かもしれませんが、代表者が変わればその前提は崩れます。信頼関係のある今のうちに、主要取引先との基本契約や、不動産賃貸契約、社員との雇用契約等を再確認し整備しておくと、後々スムーズな引継ぎが可能となります。

⑥　株主等重要な関係者と協議をしておく

　事業を第三者に譲渡するには原則として株主の同意が必要です。また、株主だけでなく家族や主要な役員にも事前に相談しておくことを検討しても良いと思います。既に就職してしまった子供に、「跡は継がないだろう」という前提で「第三者承継をしようと思う」と相談したところ、「自分が継ぐよ」と言って帰ってくることになったといったケースもあり、出口戦略に大きな影響を与える可能性があります。支援者や買手、従業員や金融機関等いろいろな人を巻き込む前に関係の深い方の承認を取り付けておくことをお勧めします。時間があれば、関係者と一緒に第三者承継について専門家のセミナーや個別説明を受けて理解を深めることもできます。

⑦　知的財産（特許権や商標権等）の確認

　知的財産には製造業で扱われるような特許だけでなく、老舗の店舗等の商号や屋号、商品名のような商標権も含まれます。以前、居酒屋の譲渡案件を支援した際、屋号に興味を持った引き継ぎ手がいましたが、調査した結果同じ屋号の商標を別の企業が登録していることが判明し、承継できなかったケースもありました。小さな会社でも知的財産は眠っています。自社オリジナルの知的資産がないかを再度確認し、この機会に登録の検討も進めてください。

⑧　希望譲渡条件を検討する

　ノンネームシートや企業概要書には希望譲渡条件を記載する必要があります。アンカリング効果（基準地点を明らかにする効果）を嫌って、条件をはっきりさせないという売手もいますが、いずれどこかではっきりさせないといけないわけですから、どこまで開示するかは別にして、その時に慌てなくて良いように現時点で考えられる条件は明らかにしておく方がい良いでしょう。

　希望譲渡条件として考えておく必要がある条件は金額だけではありません。以下、検討しておくべき条件の例を列挙しておきます。

> ・譲渡価格　　・譲渡スキーム　　・経営者の進退（引継ぎ期間）
> ・社員の処遇　　・不動産の取扱い　　・債務の取扱い
> ・商号や屋号の取扱い　　　　　　　　　　　　　　　　等々

⑨　相手探しのデッドラインを決める

　希望に適う承継相手がすぐに見つかれば良いのですが、場合によって
は何年間も相手が現れないことも考えられます。事業が順風満帆であれ
ばずっと探し続けることもできますが、資金繰りや経営者の体力にも制
約があります。いつまでも相手探しを続けた結果、会社の業績が厳しく
なり清算できたはずの会社が清算できなくなるというのでは、出口戦略
も何もあったものではありません。目的は会社の出口を明らかにするこ
とにあり、M&A をすることではありません。後継者を見つける期間をい
つまでにするのかについてはあらかじめ決定しておくことが必要です。

4　支援者との契約のポイント

　支援者と契約する場合は次のポイントを確認してください。

> ①　仲介方式か FA 方式か　②　専任契約条項　③　委託業務の内容
> ④　秘密保持条項の内容　⑤　報酬と支払時期　⑥　諸経費の取扱い
> ⑦　契約期間と解除方法

①　**仲介方式・FA 方式のいずれか**…詳細は 65・66 ページで説明した
　通りです。
②　**専任条項の内容**…専任条項があると他の支援者に重複して M&A
　の業務支援依頼ができません。情報漏洩を防ぐ等の理由から専任条項
　が入っている場合が一般的です。1 社に任せるのであれば問題ないで

すが、複数の支援者に依頼したいと思っているのであれば、専任条項を外せないかどうか相談してください。

③ **委託業務の内容**…「専門家に任せれば何でもやってくれる」と依存してはいけません。報酬の範囲で何を支援してくれるのか、また、別途必要になる費用があるのか、を確認しましょう。

④ **秘密保持条項**…詳細を別途説明（111ページ参照）していますので確認してください。

⑤ **報酬と支払時期**…67〜68ページで紹介したように、支援者への報酬はレーマン方式（移転資産の価格に対して一定の割合を掛けて計算する方式）となっているのが一般的です。報酬を決定する基準や金額、また着手金の有無や支払時期を確認してください。また、通常は「テール条項」により支援者から紹介された案件であれば、契約解除後でもその対象者と一定期間内にM&A等をした場合には報酬を支払わなければならないよう定められています。テール期間の長さを含めて確認をしておきましょう。

⑥ **諸経費の取扱い**…成功報酬とは別に、支援者の活動費や支援者が依頼する専門家への費用等は依頼者の負担とする内容になっていますので決裁承認の方法を含めて確認しておきましょう。

⑦ **契約期間と解除方法**…契約期間は半年から1年程度で決定する場合がほとんどですが、相手が見つかるかどうかは計算できないので、自動更新になっているのが一般的です。そうなると大切なのは契約解除の方法です。時折、解除条項の入っていない契約書を見かけることがあります。かなり怖いことなので相手任せにせず、読み合わせをする等して確認してください。

5　売手は良い相手に出逢うために「ノンネームシート」を作成

後継者を探している企業と、自社の成長のために会社を引き継ぎたいと思っている企業が出逢うためには、その事実をお互いが知る必要があ

ります。その事実をお互いが知るためには、先ず売手が「私は後継者を探しています」という声を上げる必要があります。とはいえ、安易に「後継者を探しています」という情報を拡散してしまうと「あの会社は売られてしまうらしい」「業績が悪いのかもしれない」といった事実無根の噂が広がるリスクもあり、見つかる相手も見つからなくなる危険性があります。

そこで活用される1つ目の道具が「ノンネームシート」です。ノンネームシートとは、その名前の通り具体的な企業名が特定されないように作成されたシートで、いわば企業のお見合い写真です。引き継ぐ会社が最初に承継を検討する資料になります。

ノンネームシートを見てその会社に興味を持った相手が、検討をさらに進めるためには、対象となる事業の特徴や財務状況をまとめた資料が必要になります。それが2つ目の道具である「企業概要書」です。

(1) ノンネームシート

できるだけ多くの企業に興味を持ってもらえるように事業の魅力や特徴を記載しつつ、同時にその企業が特定されないように工夫して作ります。特徴を詳細に記載しすぎるとネット等で企業名が特定されかねませんし、特徴を書かなければ興味を持ってもらえません。何を書いて、何を書かないかについて支援者も交えて事業の内容が伝わるシートを作成してください。一般的な掲載項目は次の通りです。

・業種、事業概要	・所在地	・希望譲渡スキーム
・財務情報	・希望譲渡金額	・譲渡理由

例えば、業種や事業内容と所在地を詳述すると対象企業が明らかになってしまう可能性が高まる場合、所在地を「西日本エリア」といった広範囲で記載し、逆に所在地に相手が興味を持つと考えれば、事業内容を曖昧な表現にするといった工夫をしていきます。

また財務情報については、直近の決算書から「総資産」「純資産」「借入」「売上」「営業利益」等をピックアップして記載します。一時的な業績悪化等の特殊事情があればコメントをつけたり、財務基盤が強固であることを知ってもらうために、不動産や保険の解約返戻金等の簿外資産を記載したりする場合があります。

　備考欄を設けて担当FAのコメントを掲載するといった工夫は、第三者が内容を検証していることが伝わるので、閲覧者に情報の信頼感を与えることができます。

☞ 【第1章 事例2】に出てきた老舗かまぼこ屋のノンネームシートを資料編に掲載

(2) 企業概要書

　企業概要書はノンネームシートを閲覧した企業から、さらに話を進めたいという希望があった際に、秘密保持契約の締結を前提に開示される資料です。引き継いでもらいたい事業の詳細を整理します。社名や取引先等、財務諸表等といった機密情報が記載された大切な資料です。

> ・会社概要　　・株主構成　・役員構成　・代表者に関する事項
> ・事業内容　　・業界分析　・社員状況　・バリューチェーン
> ・組織図　　　・資産状況　・負債状況　・知的財産（商標・特許）
> ・主要取引先　・3期分財務データ　　　・SWOT分析
> ・その他資産　・希望譲渡条件

　掲載する内容は上記の通りですが、これ以外にも特に相手に伝えたい情報があればまとめていきます。【第1章 事例1】では、企業概要書に記載したBルート商品に関する資料が承継を決める決定的な資料になりました。

　このように長年経営をしてきた当事者から見れば当たり前の情報が、他社から見たら大変魅力的に映るということは十分にあり得ます。思い込みを捨てて、自社の価値を相手に伝えるために、客観的に自社を見ることができる支援者を上手に活用して概要書の作成を進めてください。

☞ 企業概要書のイメージは資料編を確認

(3)　支援者の役割

　ノンネームシートや企業概要書の作成支援において必要なことは、相手のことをどこまでも知っていこうとするスタンスです。依頼者が営業経験のあるような経営者であれば、積極的に自社の説明をしてくるでしょうが、職人気質の経営者の場合は、支援者が情報を引き出していく必要があります。

　また、依頼者はその事業のプロですが、支援者はそうではありません。当然このくらいのことは知っているだろうという思い込みから、詳細の説明を省かれるという場面がありますが、わからないものはわからないといって、よく教えてもらってください。そこに相手を探していく際に宝物になるような情報が眠っていることがあります。

　相手を知る上で、SWOT分析を経営者と一緒に行うのも効果的です。事前にインタビュー項目をまとめておくと良いでしょう。

6　売手の譲渡スキームの考え方

(1)　「株式譲渡」又は「事業譲渡」に集約される理由

　事業を譲渡する方法を「譲渡スキーム」と言いますが、売手が「何を」「どのように」譲りたいのか、買手が「何を」「どのように」引き継ぎたいのかによって、様々な方法の中かからふさわしい譲渡方法を検討します。実務では多くの場合「株式譲渡」か「事業譲渡」のいずれかが採用されます。第1章の事例でもいずれかのスキームに収まっています。

　図表2-10にある通り、企業同士が提携する方法には、「支配権が移転する方法」と「支配権が移転しない方法」があります。支配権を移転させない方法である業務提携や資本参加する方法では相互の独立性を保ったまま企業同士が連携するため、解消もしやすい緩やかな提携と言えます。

　一方で、後継者不在等の理由により事業を将来にわたって承継させる

◆図表2-10

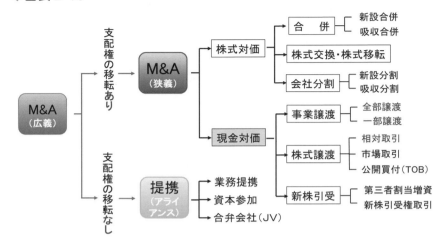

第三者承継では、「支配権が移転する」方法を採用する必要があります。

また、支配権を移転させる方法には対価を株式にするのか現金にするのかの違いがあります。

後継者がいない経営者が第三者承継の手段としてM&Aを行うのであれば、譲渡対価として株式を受け取ってしまうと、その後も株主としての責任が残るため、目的から考えれば株式対価を選択することは考えられず、現金対価を選択することとなります。さらに、現金対価の中でも、新株引受は同様の理由から除外されますので、結論としては「事業譲渡」又は「株式譲渡」に集約されるのです。

(2) スキーム検討のタイミング

売手側がスキームを検討するタイミングとして、案件化の時と相手が見つかって引継ぎの条件を検討する時の2回があります（**図表2-11**）。

第三者承継は相手がいて初めて成立するものであり、相手の状況によって最適なスキームは変わってくるので、案件化のタイミングであまりにテクニカルなことを追求する必要はありません。

◆図表 2-11

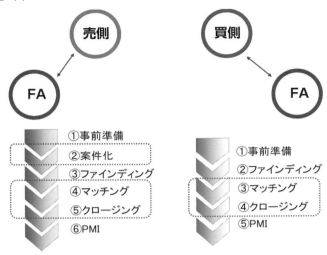

◆図表 2-12　株式譲渡と事業譲渡の主な違い

株式譲渡	事業譲渡
①譲渡対象企業の株式を譲渡する方法 ②引き継いだ法人を別法人として運営するため緩やかな統合が可能 ③許認可や歴史等の簿外資産や簿外債務をそのまま相手に渡すことになる ④各種契約等もそのまま継続できるので、迅速な承認が可能 ⑤新たな手続きをすることなく全社員をそのまま引き継ぐことができる 等	①譲渡対象資産のみを個別に譲渡する方法 ②引き継ぐ事業を直接自社に取り込むため迅速な経営統合が必要 ③許認可や歴史等の簿外資産や簿外債務を自分の手元に残すことになる ④各種契約を新たに締結する必要があり、引継ぎに時間を要する ⑤引き継ぐ社員1人ひとりと雇用契約を締結する必要がある 等

　余程特殊な事情がある場合を除いて、何をどのように譲渡したいのかを明らかにして、その内容が実現するスキームを支援者や専門家と相談して株式譲渡又は事業譲渡から選択すれば十分です（図表 2-12）。

ただし、株式譲渡は株式会社でしか活用できないように、個人事業主や医療法人等、組織形態によって選択できる譲渡スキームが限定的になる場合もありますので、その場合は、事前準備の段階で譲渡スキームを専門家と検討してください。

　将来相手が見つかった場合、相手からこういうスキームで引き継がせてほしいという要望が出されることが想定されますが、その段階になれば「相手がなぜそうしたいのか」「その方法でこちらの目的は達成できるのか」を確認していくことになります。支援者を巻き込んで相手の方と承継を成功させるために取り組む共同作業となる少し先の段階です。

7　株式譲渡スキームの特徴と注意点

(1)　特徴

　図表 2-13 の通り、株式会社を所有しているのは株主です。したがって、株主が株式を第三者に譲渡すれば、その会社をそっくりそのままその第三者に引き渡すことができます。シンプルなスキームで、小規模企業 M&A の実践現場では株式譲渡スキームが多く採用されます。

◆図表 2-13　株式会社の構造

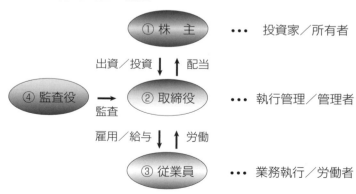

⑵ 株主の権利

株主は株式を通じて、「自益権」と「共益権」の2つの権利を有します。

・**自益権**…株主自らが利益を得る権利のことで、代表的なものとして「配当請求権」と「残余財産分配請求権」の2つの権利があります。
・**共益権**…自身の権利行使の結果が会社全体の利益に影響する権利のことです。簡単に言えば会社の経営に参加できる権利と言えます。代表的な権利が株主総会における「議決権」です。

⑶ 議決権所有割合と決議事項

株主は所有する議決権割合によって株主総会で決議できる内容が変わります。例えば、過半数の株式を保有する株主であれば、単独で取締役の選任や解任が可能となりますので、経営権を移転させるためには過半数の譲渡が必須です。

また、3分の2以上を保有すれば特殊決議を単独で可決できます。特殊決議事項には、定款変更や会社の解散といった、より踏み込んだ決議事項があります。

いずれにしても100％の株式移転が原則だと理解した上で、売手・買手の要求を踏まえて移転させる株式数を検討する必要があります。

◆図表2-14　株主の権利

株式の割合	決議可能事項
50%超	普通決議を単独で可決することが可能 （主な普通決議の決議事項） 　・計算書類の承認 　・取締役、監査役、会計監査人の選任 　・取締役、会計監査人の解任（監査役の解任は特別決議） 　・自己株式の取得　　　　　　　　　　　　　　　　等々
3分の2以上	特別決議を単独で可決することが可能 （主な特別決議の決議事項） 　・合併、会社分割、株式交換、株式移転 　・定款変更 　・事業譲渡の承認 　・事業の解散 　・全部取得条項付種類株式の取得　　　　　　　　　等々
4分の3以上	特殊決議を単独で可決することが可能 （主な特殊決議の決議事項） 　・公開会社から非公開会社への変更　　　　　　　　等々
100%	すべての決議について単独で可決することが可能

(4)　株主名簿の確認

　非上場会社の株式は市場で売買できませんので、買手側の法人又は個人が売手側の株主から直接株式を譲り受ける契約を行います。したがって、株主が誰で、何株保有しているのかという情報が絶対に必要です。通常、すべての株式会社は株主名簿を備え付けておくことを会社法で定められていますが、実際には株主名簿が存在しない会社があります。また、株主名簿があっても、一部の株主が不明となっていたり、名義だけの株主（名義株）がいたりする場合があります。こういった場合は株式譲渡をしたくてもできないので注意が必要です。

株式の譲渡手順は次の通りです。

ⓐ 　株式の譲渡承認

⬇

ⓑ 　株式譲渡契約

⬇

ⓒ 　株主名簿の書換え及び株券の引渡し（株券発行会社の場合）

---

① 　譲渡承認

　通常、中小企業では知らない間に第三者に株式が取得されることがないよう、株式に譲渡制限をかけています。譲渡制限がかかっている株式を譲り受けるには、譲渡企業の株主総会や取締役会における株式の譲渡承認の決議が必要となります。詳細は会社の履歴事項全部証明書や定款を確認してください。

② 　株券について

　株券の引渡しは「株券発行会社」に限って必要な行為です。法律改正によって、現在は原則株券不発行となっていますが、社歴の長い企業など株券発行会社になっている場合も多く存在します。株券発行会社では株券を受け取らない限り、株式譲渡は成立しません。株式譲渡スキームによる場合、株券発行会社かどうかの確認は必須となります。

⑸ 　譲渡対価と税金について

　譲渡対価については、株式の譲渡対価だけではなく、役員退職金や株主への配当金等と組み合わせて検討します。税理士等を交えながら打ち合わせを行って決定していきます。

　株式を譲渡することで包括的に企業のすべてを相手に引き継がせる株式譲渡と異なり、事業譲渡は、一部の有形・無形の資産を相手に譲渡することで事業のみを相手に引き継がせる方法です。イメージは**図表2-15**のようになり、囲み内のような場合に活用されます。

◆図表2-15　事業譲渡のイメージ

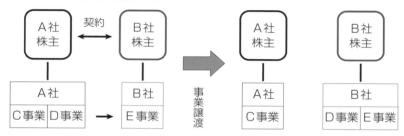

・複数店舗を運営してきた会社が、一部店舗を相手に譲る場合
・建設業と不動産業を行ってきた会社が、建設事業のみを第三者に譲渡する場合
・譲渡側の企業に隠れた債務があると考えられる場合

　次に、前述した株式譲渡との違いをポイントに絞って整理すると次のようになります。

　具体的には、決算書の貸借対照表の資産の部に計上されている資産の中から、引継対象資産をピックアップしてリスト化し、それぞれの資産の時価評価を行います。

　借入金等の負債に関しては引継対象になることはありませんが、リース物件を引き継ぐ場合にリース債務を引き継ぐといった場合はあり得ます。また、社員を引き継ぐ際の退職債務等を引き継ぐケースもあります。

◆図表 2-16　貸借対照表（B／S）

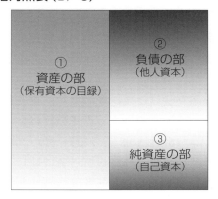

　また、有形資産とは別に無形資産として、営業権（のれん）を引き継ぎます。のれんの評価については、前述した通り、その事業で創出できる利益と引継資産を活用して超過収益法によって算出することができます。以上から、最終的な譲渡対価の計算は下記の算式で求めることになります。

引継対象資産の時価　－　引継対象となる債務　＋　営業権

　その他、事業譲渡を行う場合は次の点に注意が必要です。

(1)　社員の引継ぎ

　事業譲渡によって引き継ぐ社員とは、個別に雇用契約を再締結する必要があります。引き継ぐことにより雇用主が変わることやその他の理由から、必ずしも全社員との雇用契約の再締結ができるとも限りません。特に、引き継ぎ後に当てにしていたキーマンが抜けるとなった場合には、承継の実行そのものに影響を与える事態になりかねません。

(2)　商号の引継ぎ

　譲受会社が譲渡会社の商号を継続使用する場合には、その譲受会社も、譲渡会社の事業によって生じた債務を弁済する責任を負います（会社法22条1項）。

　もっとも、事業を譲り受けた後、遅滞なく、譲受会社がその本店所在地において譲渡会社の債務を弁済する責任を負わない旨を登記した場合には、適用されません。（会社法22条2項）。また、事業を譲り受けた後、遅滞なく、譲受会社及び譲渡会社から第三者に対しその旨を通知した場合においては、その通知を受けた第三者についても同様として扱われますので（以上、会社法22条2項）、弁護士や司法書士に相談して対応が必要です。

(3)　競業避止義務

　事業譲渡をした譲渡会社は、当事者の別段の意思表示が無い限り、同一の市町村（東京都及び指定都市にあっては、区）の区域内及びこれに隣接する市町村の区域内においては、譲渡日から20年間は、同一の営業を行ってはならないと定められています（会社法21条1項）。したがって、譲渡会社に競業避止義務を負わせないようにする場合や地域を調整する場合、期間を延長（最大30年）、短縮する場合等には、別途取決めを行う必要がある点にも注意してください。

(4)　消費税の取扱い

　事業譲渡における注意点の1つに、消費税の取扱いがあります。株式譲渡では消費税が発生することはありませんが、事業譲渡の場合は譲渡対象資産に課税資産が含まれていれば（土地や債権等の非課税資産を除けば、ほとんど課税資産になります）消費税が発生することとなります。

　したがって、スキームを事業譲渡とする場合は、早い段階から売手との譲渡価格が税込なのか、税抜なのかのすり合わせを行っておかなけれ

ば、消費税率が現状 10％ と大きいため、それだけの差が生じてしまい、消費税が原因で交渉が決裂してしまうということも考えられます。

9　売手の企業価値評価

M&A 等で企業の価値や株価を算定することをバリュエーション（Valuation）と言います。企業価値を価格にして表現することです。企業は生き物であり、単なる資産の塊ではない点に、企業価値評価の難しさがあります。

企業を物理的価値のみで評価すれば、貸借対照表の純資産額を評価結果とすればよいのですが、現実では同じ資産に基づいて経営を行っても生み出される付加価値は 10 社あれば 10 社とも異なります。そこで、企業価値を評価する方法として様々な理論や計算方法が作られていますが、つまるところ、企業の譲渡対価は売手又は買手による指値に相手が納得すれば、その価格が正しい価格なのです。いくら高度な理論に基づく複雑な計算をしても、売手がそれでは売らないと言い、買手がそれでは買わないと言えば、その計算に大した意味がないことになります。

とはいえ「自社の価値をどう測ればいいの？」「相手が提示している企業価値は適正なの？」という場合には、より納得性の高い理論に基づく計算方法による評価が必要です。ここでは、その前提となる理論と、評価方法を確認します。

(1)　売手と買手の評価のタイミング

通常の流れで M&A が行われる場合、売手と買手では全体の流れの中で企業評価を行うタイミングは異なります。売手は事前準備のプロセスで譲渡条件を検討しますが、買手は相手が見つかった後、その企業の希望譲渡条件が適正かを検証する際に企業価値の評価を行います。

ここでは、事前準備の段階での企業評価として売手が決算書を使って自社の評価を行うことを前提に話を進めます。企業評価の考え方は買手

にとっても参考になるので是非目を通してほしいところです。

⑵ 企業を評価する場合の３つのアプローチ法

　企業評価をどういう視点で行うのかについては、代表的な３つのアプローチ法とそれに基づく評価方法があります。

◆図表 2-17

アプローチ	評価方法	
①　マーケット・アプローチ	ⅰ）類似業種比準法 ⅱ）類似会社比準法	等
②　ネットアセット・アプローチ	ⅰ）簿価純資産法 ⅱ）時価純資産法	等
③　インカム・アプローチ	ⅰ）超過収益法 ⅱ）DCF 法 ⅲ）EBITDA	等

①　マーケット・アプローチ

　マーケット・アプローチは、評価対象企業と類似する「企業」や「業種」の実績に基づく市場データを活用して評価対象企業の企業価値を算出する方法です。計算方法としては「類似業種比準法」や「類似会社比準法」があります。基準を明確にすることで評価結果のブレをなくすという点では優れていますが、中小零細企業の独自性を活かした評価をするという点には難があります。

②　ネットアセット・アプローチ

　ネットアセット・アプローチは、帳簿に計上された資産や負債から計算される純資産を基礎として、時価評価等の修正を行って企業価値を算出する方法です。帳簿作成が適正で修正の根拠が明確であれば客観性に優れていると言えます。一方で、その企業独自のビジネスモデルに基づく、企業の将来性を評価する点には難があります。例えば、ベンチャー企業のように今後成長がさらに期待される企業の評価には不向きです。

③ インカム・アプローチ

　インカム・アプローチでは、評価対象企業から期待される利益又はキャッシュフローに基づいて企業価値を算出する方法です。将来期待される収益獲得能力を価値に反映させることができるため、評価対象企業固有の価値を示すとも言われています。一方で、将来の予測に基づくという点においてその不確実性や恣意性を排除することはできず、客観性が問題になります。

　実務では、それぞれのアプローチ法の長所・短所を補えるよういくつかの方法を組み合わせて評価を行うのが一般的です。そこで、中小零細企業の評価の考え方を次のように整理します。

◆図表 2-18　企業評価の考え方

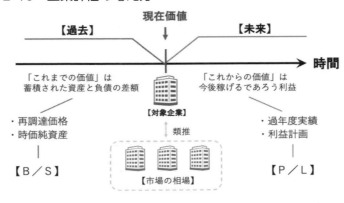

　図表 2-18 にある、中心の矢印が時間軸です。過去と未来の境界線上の現在における企業価値を評価するのですから、「過去の実績」と「未来の可能性」を集約すれば現在の価値になります。

現在価値 ＝「過去の実績」＋「未来の可能性」

取引相場の確立している上場企業の株式価値を基準として、類似する企業規模や業種と比較して中小企業の価値を算定する方法はマーケット・アプローチですが、これは税金の計算をする際の、課税の公平性を保つための手法としては優れていますが、企業の特性を個別に評価したいと考える場合には不向きです。

(3)　過去の実績評価

　創業時の資本金でスタートした時から現在までの実績は『貸借対照表』に記載されていますので、貸借対照表を使って過去の実績評価を行います。先のアプローチ法で言えば、ネットアセット・アプローチです。

　まず、貸借対照表の資産の部にはその会社が保有している資産のすべてと金額が記載されています。したがって、評価しようとしている会社と全く同じ会社を隣につくろうと思ったら、資産の部にあるものをコピー・アンド・ペーストしたらいいのです。ただし、貸借対照表に記載された金額が必ずしも調達に必要な金額を表しているとは限らないという点に注意が必要です。

　例えば、会社が保有する車１つとっても中古車市場価格と帳簿上の価格は一致しません。したがって、帳簿に記載されている金額を鵜呑みにせず、１つずつ資産の現在の価値を調査する必要があります。この行為を「時価評価をする」と言います。時価評価により明らかになった資産の合計金額は「再調達価格」とも表現できます。

　再調達価格である時価総資産の額でその企業を購入する場合、その資金をどこから調達するかを考えなければいけません。調達の方法は、①自分で準備する、②第三者から借りる、の２つです。既にその会社には、他人から借りてきた負債がありますので、それを引き継ぐのであれば、同額を他人から調達するのと同じです。ただし、貸借対照表の負債の欄には、例えば社員への退職準備金のような「負債として計上されていない負債（簿外負債）」があるので、そういった負債は追加で計上する必要があります。

　整理すると、その会社の過去の実績に基づく企業価値は次の通りです。

「時価総資産」－「簿外債務を含む負債総額」 ＝ 過去実績による企業価値

⑷　未来の可能性評価

　将来の可能性の評価の難しさは、予見性の難しさに集約されます。予見できない未来を正しく評価することはできないので、利益計画やキャッシュフロー計画に代表されるような仮説に基づいて評価を行うことになります。

　評価対象企業が、歴史のある企業であれば、過去の実績に基づいて将来の計画を立てやすいことから「過去の実績を活用した超過収益法」による評価が適当だと考えられるので、その考え方と手順を解説します。

　まず過去3～5年分の損益計算書（P／L）に修正を加えてその企業の「収益力」を計算します。修正は次の4つの視点で行います。

①実質的に利益配分に近い意味を持つ役員報酬等の影響を排除して評価する。	→	役員報酬を実質支給額でなく、標準的報酬に置き換える。
②資金調達の方法による影響を排除し、実質的収益力を評価する。	→	受取利息、支払利息のすべてを除外し、影響を受けないものとする。
③非経常的・臨時的な項目を排除し、真の企業収益力を反映させて評価する。	→	特別損益項目はなかったものとして加・減算を行う。またオーナー固有の経費があれば控除する。
④法人税等は時代や国家の政策が反映しており、普遍性がないので排除する。	→	税引前当期純利益を収益力とみなし、法人税等は考慮しない。

これらの修正を行った後、税引前当期純利益を平均して収益力を評価します。その際、単純に均等に平均化せず、直近期の方がより実態に近い利益を表すと想定して、直近期より５：３：２といったウェイトによる加重平均をとるとよいでしょう。

　次に、その収益力が取得資産によって生み出される期待収益をどの程度超過しているのかを確認します。

　M&Aにより取得する資産を時価評価する説明は前にしました（98ページ参照）。その「時価評価総額」により取得した資産が生むことを期待する収益が「期待収益」です。期待収益は対象企業の時価総資産に「期待収益率」を掛けて計算します。例えば、対象会社の時価総資産が１億円の場合、１億円の資産から資産を生み出すことが期待される収益を考えた際、その収益が預金利息より低ければ、預金した方が収益性は良いことになります。では何％なら投資するかという考えに基づいて設定する率が「期待収益率」です。

　期待利益率は「リスクフリーレート（10年国債利回り）」と「リスクプレミアム（一般的に３～５％）」を足して算出します。例えば、評価日の10年国債利回りが0.03％であり、リスクプレミアムを３％で設定する場合、期待収益率は3.03％となりますので、期待利益は303万円。その企業の収益力が期待収益を超えている部分が一年分の超過収益となります。

◆図表2-19

投資 → 時価総資産 １億円 → 期待利益？

$$1\,年分の超過収益 \; = \; 期待収益 \; - \; 収益力$$

　最後に、1年分の超過収益の何年相当分でその事業を譲るのかを検討します。3年から5年で計算されるケースが多く、また、単純に年数を乗じるのではなく、複利年金現価率を用いて計算した年数を乗じます。複利年金現価率については以下の説明をご確認ください。

＜複利年金現価率について＞

　将来獲得する利益の現在価値は下がります。例えば、今100万円を手にすれば期待利子率で運用できますが、1年後に貰う100万円は運用できないので、その分現在価値が下がってしまうのです。

　期待利子率が3％だとすれば、1年後に貰う100万円は、$1/(1+3\%) = 0.97087379\cdots$となります。これが複利年金現価率ですが、この係数を100万円にかけるので、1年後の100万円を現在価値に置き換えると、約970千円になるのです。

　同様に、2年後の場合は「$1/(1+3\%)^2$」、3年後の場合は「$(1+3\%)^3$」と計算した複利年金現価率を掛けて計算します。「期待利子率」を r とすると、「$1/(1+r)+1/(1+r)^2+1/(1+r)^3\cdots$」で算定されます。

　「持続年数」3年、「期待利子率」3％の場合の「複利年金現価率」は $1/(1+3\%)+1/(1+3\%)^2+1/(1+3\%)^3=2.8286$ となります。

　以上、まとめると、過去の実績評価による企業価値は「時価純資産」で計算し、未来の可能性評価を「超過収益力の持続期待年数」で計算し、その結果を合算することで企業価値を評価することになります。

相手探し

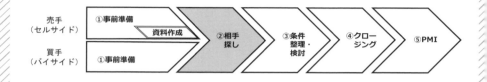

売手
（セルサイド）　①事前準備　資料作成　②相手探し　③条件整理・検討　④クロージング　⑤PMI

買手
（バイサイド）　①事前準備

1　相手探しのプロセスと3つの方法

◆図表 2-20

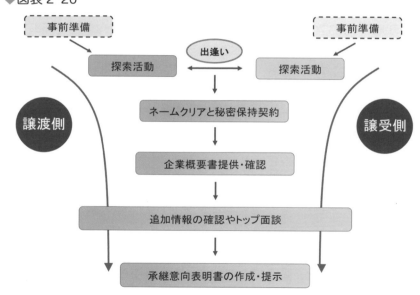

事前準備　　出逢い　　事前準備

探索活動　　　　　　　探索活動

譲渡側　　ネームクリアと秘密保持契約　　譲受側

企業概要書提供・確認

追加情報の確認やトップ面談

承継意向表明書の作成・提示

　売手・買手の出逢いのプロセスとなる相手探しは、**図表 2-20** の通り進んでいきます。聞きなれない言葉もあると思いますので、順次解説し

ていきます。

　まずは相手探しスタートとなりますが、相手を見つける方法は次の3つに整理できます。

- ・相手に見つけてもらうのを待つ。
- ・自分から相手を見つけに行く。
- ・支援者に依頼する。

(1)　相手に見つけてもらうのを待つ方法と注意点

　事業の売買情報を拡散し、興味を持つ人が見つけてくれるのを待ちます。具体的には、現在、オンライン上に展開している、M&Aを希望する売手・買手の企業情報が掲載されたマッチングサイトである「プラットフォーム」にノンネーム情報を掲載して、興味を持つ人からの連絡を待つ方法です。プラットフォームには、全国展開しているものや、オープンネーム（最初から名前を明かすので顔が見えて安心感が高い）もの、業種や地域に特化したもの等があります。

　ご縁があるかは相手次第ですので、余裕を持って相手を探す場合はこの方法だけで良いでしょうが、【第1章 事例1】のように相手を探す期限が限られるような場合は、こちらから相手を探しに行く方法や、支援者に依頼する方法にも取り組んだ方が良いでしょう。

(2)　こちらから見つけに行く方法と注意点

　「引き継いでほしい相手（買手）」又は「引き継ぎたい相手（売手）」の候補先のリスト（ロングリストやショートリスト）を作成することからスタートします。

👉 ロングリストの詳細は資料編を確認

① 自社を取り巻く企業からリストを作る

　リスト作成の具体的方法として、自社を取り巻く企業を整理する方法があります。**図表 2-21** のように自社を中心として、同業者（ライバル企業）、仕入先（川上）、販売先（川下）を書き出していきます。既に顔見知りの会社が候補先になるということは十分に考えられます。

◆図表 2-21

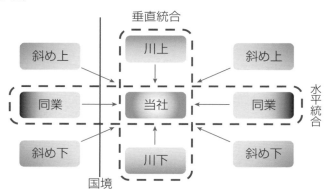

　M&A というと、同業者とのマッチング（水平統合）のイメージを持つ方が多いかもしれませんが、特に小規模 M&A においては、川上や川下でのマッチング（垂直統合）に大きなメリットがあります。

◆図表 2-22

	水平統合	垂直統合
メリット	・シェアや商圏が拡大できる。 ・同業種の M&A であれば経営統合（PMI）をスムーズに行える。	・サプライチェーンの断絶を防げる。 ・シナジーを生みやすい。 ・相互に面識があり判断がしやすい。
デメリット	・相手の清算はライバルの減少を意味しており、承継に消極的な姿勢になりやすい。	・異業種企業の経営統合になるため、承継者に経営の経験や知識が乏しく、引継ぎには時間が必要となる。

垂直統合は異業種間の企業結合となるため、引き継ぐ側が初めて取り組む事業となる場合が多く、そうなると譲受後のPMIが大きな不安要素となります。しかし、事業承継を目的としたM&Aでは、経営者がM&A後すぐにリタイヤしたいというケースは少ないため、M&A後に売手側の社長やキーパーソンに残ってもらうといった条件設定が可能な場合も多く、不安要素の対策が可能です。

　最後に、斜め上、斜め下の位置にある企業の洗い出しについて説明します。【第1章 事例2】に出てきたIT企業と老舗かまぼこ店の接点のように、一見すると「本当にシナジーがあるの？」と思うような相手先候補は、例えば、次の質問の回答から導き出せます。

・**斜め上**…我が社に、もっとこんな技術や人材、設備や顧客リスト、許認可等があれば、もっとお客様の役に立つことができるものはありませんか？　それは何ですか？
・**斜め下**…我が社の製品や技術、得意性を他の分野や業界に転用すればもっと役に立つ幅が広がるのに、といわれて思い当たるものはありませんか？　それはどんな製品や技術、得意性でどんな転用ができるのですか？

　斜め上は弱みを価値化する視点と言い換えられます。譲渡企業の弱みを克服できる経営資源を持っている企業を見つけられれば、譲渡企業を飛躍させる可能性が出てくるのです。斜め下は強みを伸展させるための視点ですが、引き継いだ企業が売手の経営資源を有効活用してさらに成長発展できる可能性をはらんでいます。

　以上の、ライバル企業、取引先、斜め上や斜め下の企業を具体化してリストに落とし込んでいくと、候補企業が身近にあることを実感することが多いようです。

② プラットフォームを活用してリストを作る

　前にも少し触れましたが、プラットフォームの急速な普及により、これまで特定のアドバイザーしかアクセスできなかった譲渡企業や譲受けを希望する企業の情報に直接触れることができようになりました。これは、M&Aに多額の費用を掛けられない中小・零細企業には歓迎される動きです。

　プラットフォームを活用することで、先のライバルや川上、川下、斜め上、斜め下に該当する企業情報を見つけてきてリスト化することも可能です。

　しかしながら、掲載情報の正確性には注意が必要です。運営会社が掲載情報を管理しているとは限らず、掲載内容が必ずしも正確でない場合や、譲渡が終了した案件や、既に清算した会社の情報が残っている場合もあるようです。表示された情報を鵜呑みにせず、自らの責任で確認することが重要です。

(3) 支援者に依頼する方法と注意点

　相手探しを支援者に依頼する場合、その支援者が既に持っている情報にマッチング先があることが期待できます。大手専門業者であれば手持ち情報も多く相手が見つかる可能性は高まる一方、その大手業者に仲介も依頼することになるので、高い報酬を支払わなくてはなりません。

　各都道府県には「事業承継・引継ぎ支援センター」があり第三者承継の相談に乗ってくれます。行政が運営しているので無料での支援もありますが、必ずしも良い成果が上がっているとは言えないようです。相談先の1つとして考えるのはもちろん良いと思いますが、他の支援機関と同様に支援センターに相談したから安心だと考えてはいけません。

　専門業者の手持ち情報に眼鏡に適う相手の情報がなければ、先に記載したロングリスト等を作成して相手探しをするしかないのですが、ロングリストの作成から提案までを引き受けてくれる支援者もいます。報酬も無料の場合から1件単価の場合、成功報酬の場合と様々なようです。

　いずれにしても支援者に丸投げするのではなく、支援者を活用するの

は依頼者であることを心がけてください。

2 売手の相手探し

　売手の相手探しの第一歩は、ノンネーム情報の拡散です。一人でも多くの方から「このノンネームシートの企業に興味があるので、真剣に承継することを検討したい」という言葉を引き出すのが、売手の相手探しの目標になります。

　そのためには、支援者とも相談し、次の点の確認が必要です。

---

① **情報を広めるエリア**…近隣エリアは避けたいので遠隔地で情報を展開したいという希望や、逆に拡散は隣接県までにとどめたいといった内容の検討をする。
② **情報を広める方法**…オンラインのプラットフォームの活用の是非や、特定の民間支援企業や行政が運営する団体への情報拡散の是非、ロングリストの作成を検討する。
③ **探索期間**…相手探しをいつまで行うのか、事前準備で行ったデッドラインから逆算する。

　ロングリストを作成する場合は特に垂直統合に着目してください。【第1章 事例6】がそうでしたが、ライバルの減少を意味する同業者より、サプライチェーンでつながった、いわば運命共同体である取引先にとって、自分の会社が清算することは大問題です。また、取引先を承継することで今まで委託していた事業を内製化できるため、シナジーを想定しやすく譲渡条件も同業者よりも有利になる可能性があります。

　この提案をすると、「取引先に承継してもらうことは考えたことがなかった」という経営者も多く、具体的に会社をイメージしていくと「あの社長ならうちのことをよく知っているし、社員も大切にしてくれそう

だ」という話が出てくることも多くあります。

　ただし、売主が自分から声をかけることはお勧めしません。まだ先の話であるにも関わらず、事業継続に不安があることが喫緊の課題だと相手に誤解されてしまうと、現在の取引に支障をきたすといった懸念があります。声掛けは支援者に任せましょう。

　支援者の声掛けのイメージは次の通りです（顧問税理士が声を掛けることを想定しています）。

　お忙しいところ失礼します。私○○会計事務所の○○と申します。弊社のクライアントの件で相談させていただきたく、お電話をさせていただいております。
　私どもの大切なお客様が、後継者不在により今後の事業の継続に不安を抱えておられます。その解決策として、当該企業のビジネスを引き継いでいただける方との提携を検討しています。御社であれば相乗効果もあるのではないかと考え、お声掛けさせていただきました。
　ぜひ経営者様、又は企業提携に関してご担当されているような方がいらっしゃいましたら、お話をさせていただきたいのですが、おつなぎいただけないでしょうか。

　このようなアプローチをした経験は何度もありますが、その際に士業の看板に対するクライアントからの信用が本当に大きいことを実感します。諸先輩が築かれた信用に改めて感謝し、その信用を土台とした価値を社会に提供していかなければならないと思います。一方で、社会的責任に裏づけられた信用を裏切れば自身の仕事に大きな損失となります。士業が後継者問題の解決に積極的に参加してほしい理由の1つが、ここにあります。
　ノンネームシートを渡した企業から「興味があるから次のステップに

進みたい」という言葉が出てきたら、次の「ネームクリアと秘密保持契約」のステップに進みます。

　また、相手を探す段階から、最終的な交渉相手をどのような手段で選ぶのかについても考えておく必要があります。詳細は、【Process 3 「譲渡条件の整理・検討」の「1　売手が話を進める相手を1社に絞る」】を参照してください。

③　買手の相手探し

　買手の相手探しは、事前準備で行った理想の譲渡対象企業を見つけることがゴールです。理想に近い企業をプラットフォームやネットを通じてピックアップし、ロングリストを作成していきます。事前準備の段階で立ち上げたプロジェクトのメンバーで進めれば、すぐに数十社のリストをつくることは難しくないでしょう。加えて周辺企業の状況を明らかにする取組みも進めてください。現場で取引先に接しているスタッフであれば、後継者の有無まで知っている可能性もあり、取引先の継続の危機をいち早く察知でき、「あの会社には後継者がいないから、早晩会社を清算してしまうかもしれない。そうなるとうちも早めに別の取引先を探すといった対策が必要だ」といった水面下の問題が早期発見できるかもしれません。

　実際に大手自動車メーカー等のプライム企業が、部品供給をしてくれるサプライヤーである小さな町工場の後継者不在による清算を回避するために、子会社化や資本参加による維持継続に取り組んでいるケースもあります。サプライヤーを多く抱える大手でもそうなのですから、1社への依存度の高い中小企業の問題は更に深刻です。

　買手から取引先への声掛けは、売手からの場合と異なり、リスクは比較的低いのですが、M&Aに対して抵抗感がある経営者はまだまだ多く「長年取引をしてきたのに、あの会社は偉そうに買収を仕掛けてきた」といった誤解が生まれるかもしれませんし、後継者がいないように見え

て、実は親戚の子が後を継ぐことになっているといったような場合もあり得ます。やはり、声掛けは支援者に依頼する方が良いでしょう。

　売手のファインディングではノンネームシートを渡しますが、買手から声を掛ける際には、意中の人にラブレターを渡すようなイメージで、承継に懸ける想いを届けるための手紙（日本的M&A財団では「リーチレター」と呼んでいます）を用意しておくと良いでしょう。

　後継者不在によりM&Aを検討している経営者は、金銭的条件だけで相手を決めるのではなく、多少条件は劣っても、本気で引き継ぎたいと想ってくれている相手であれば事業を引き継がせたいと考える経営者は少なくないようです。その場合の判断基準として手紙は有効です。

　また、買手もM&Aは不安ですが、売手も不安です。人生で何度も事業を売却するという経験はしませんので、先が見えないばかりかM&Aについて家族にも相談できない場合もあります。そのような場合にもリーチレターが説得する材料になります。

　こうした手紙は、単なる売手と買手という関係性を越えて、事業を次世代に継承していく同志であるという事実を認識するきっかけにもなります。想いをはじめから伝えることは、その後のスムーズなPMIにもつながります。

☞ リーチレターの詳細は資料編で確認

4　ネームクリアと秘密保持契約

(1)　ネームクリア

　相手探しの結果、良い相手が見つかったら「相互の理解を深めていくプロセス」に入ります。相手探しまではノンネームでしたが、本格的な検討を進めるためには、売手が事前に作成している企業概要書（こちらの名前や財務内容）を公開する必要があります。情報開示を行う譲渡側にはリスクが生じますので、その回避策を含め支援者のリードのもと、確実に以下の手順を踏んでいく必要があります。

◆図表2-23

M&Aをしようと思っている事実が明るみに出て、取引先や、従業員が離れてしまうと困るし、何より自社の重要な機密事項をライバル会社に知られたくない。

M&Aをするには、相手のことをしっかりと知らないといけないから、正しく判断するためにもできるだけ多くの情報を開示してほしい。

　まず、相互に社名を明らかにする「ネームクリア」を行います。具体的な手順として、売手に買手の企業名を伝え、売手の許可をとった上で、買手と「秘密保持契約」を締結し、買手に売手の企業名を含む企業情報（企業概要書）を開示するという手順を踏みます。

---

① 売手に買手候補企業の企業名を明かし、許可を取る。

↓

② 買手と秘密保持契約を締結する。

↓

③ 買手に売手の企業名を含めた企業情報（企業概要書）を開示する。

⑵　秘密保持契約（NDA）

　秘密保持契約書は、Non-disclosure agreement 又は Confidential agreement と言われることから、NDA や CA と略されます。契約者が秘密情報を開示しないことに同意するための契約です。

　秘密保持契約書のポイントは次の6つです。

①　片務契約か双務契約か

　情報開示者と情報受領者を明らかにし、情報受領者が秘密保持義務を負います。片務契約では情報開示者と情報受領者が1人ずつですが、双務契約では双方が情報を開示し、双方が義務を負うことになります。

実務的には、初期段階で企業概要書を開示するのは譲渡側に限られるので、買手が申し入れれば効力が生じる片務契約である秘密保持の誓約書を用いるのがスムーズです。その後、順調に話が進めば、基本合意書の締結のプロセスで必然的に双務契約になります。

②　秘密情報の定義

　秘密情報には、ⓐ譲渡対象企業がM&Aを企図している事実（こと）と、ⓑ対象企業のラベリング情報の2つがあります。ラベリング情報とは、「これは秘密情報です」とラベルの貼られた情報という意味ですが、1つひとつの書類にラベリングすることは実務的ではありません。

　そこで、一般的には、対象企業から提供されるすべての情報を秘密情報として定義した上で、社会通念上秘密情報に該当しないものを除外するという方法を使うのが一般的です。

◆図表 2-24

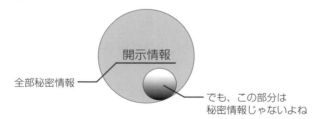

③　例外開示先の設定と義務

　買手は対象会社から開示された情報をもとに、M&Aを進めるか否か、進めるとしたらどのような条件で引き継ぐのかを検討する必要があります。検討に際しては、顧問税理士や弁護士といったブレーンや金融機関に事前相談をすることも想定されますので、開示する場合の義務を課した上で、例外開示先を容認するのが通常です。

④　損害賠償の内容

　情報受領者の故意又は過失により情報が漏洩し、対象企業に損害を与

えた場合の賠償の内容を規定します。通常は「直接かつ現実に発生した損害の額を上限とする」といった表現がなされますが、実務的には損害の額を明らかにすることは容易ではありませんし、漏れてしまった情報を元に戻すことはできません。秘密保持契約を締結すれば安心してよいということではないので、やはり相手をよく見て情報開示をする必要があります。

⑤　契約期間

　秘密保持契約の契約期間を設定します。情報受領者（買手）からの開示先は長い（無期限）方が良いですし、情報受領者は短い方が情報漏洩による損害賠償リスクを低減できます。
　通常1年〜3年程度の間で設定しますが、開示内容が特許情報のような機密性の高い情報に触れるような場合は、より長期に設定する場合もあります。

⑥　秘密情報の破棄返還

　M&Aが前に進まないことが明らかになった場合、どのような方法で情報開示者に秘密保持情報を返還するのかを明らかにします。

　メールやSNS等で簡単に情報交換ができるのは便利ですが、裏返せば簡単に情報が漏れてしまう危険性があるということになります。情報を受け取る側も、もし情報を漏らしたことが明るみになれば、社会的信用を失うリスクがあります。情報の取扱いには万全を期してください。

☞ 秘密保持契約書の詳細は資料編で確認

5　追加資料の請求とトップ面談

(1)　追加情報の要請

　対象企業の企業概要書を確認した結果、ノンネームのイメージと異な

る場合は、概要書を返還して終了となります。

　さらに検討を進めることとなれば、次のステップとして意向表明書を作成する必要があるため、支援者を通じて次のような追加情報の提示を依頼します。買手は、この段階くらいから正式なアドバイザーを置くことを検討してください。

　売手は、最初から追加資料の要請があることを想定して**図表2-25**のような資料をあらかじめ準備しておくと良いでしょう。

◆図表 2-25

No.	資料名	✔
1	決算申告書類３期分と固定資産台帳	
2	定款	
3	履歴事項全部証明書	
4	就業規則及び賃金規程、退職規程等付随規則	
5	社員名簿及び給与明細	
6	不動産があれば登記簿謄本	
7	リース資産明細	
8	生命保険の解約返戻金が確認できる資料	

(2)　トップ面談の注意点

　資料だけでは、歴史や風土、実際の社員の雰囲気はわかりません。そこで実施するのがトップ面談です。「メラビアンの法則」では、第一印象は出会って数秒で決まるといいます。また、取引関係があり、もともと面識があったとしても、事業を引き継ぐ目的での面談は全く意味が違います。以下に注意点をまとめます。

☞ トップ面談のスケジュールの詳細は資料編を確認

①　当日のスケジュールと参加者を事前に共有する

　トップ面談のみでなく対象企業の設備の視察を行う場合は、譲渡企業

側に訪問する必要があります。この時点では社員にM&Aの検討を伝えていない場合が多いと思うので、面談は近隣の会場を借りて行い、見学は少人数で行うといった工夫が必要になります。また、服装も場合によっては作業着にするといった打ち合わせも必要です。

支援者は当日のタイムスケジュールを作成し、2、3日前には双方に渡しておきましょう。「小さな会社でそこまでするの？」といわれることがありますが、当然します。会社の規模が小さいからとか大きいからではなく、経営者から見れば大切な会社です。支援者はその想いに寄り添うことが何より重要です。スケジュールを作り、正式に、緊張感を持って進めてください。

② 買手の会社情報を譲渡側に渡す

買手は「企業概要書」等で相手の情報が手元にありますが、売手は買手のことをほとんど知りません。トップ面談は、売手が買手を見定める場面でもあります。面談の時間は限られていますので、事前に会社の社史やパンフレット、代表者の経歴、サンプル製品等を渡しておくことで当日の時間を有効に活用できます。

③ 細かな条件の話をしない

トップ面談時に承継時の細かな条件等の話をすることは好ましくありません。トップの発言は決定事項になる可能性が高く、相互に理解も十分でない段階で不確定な情報をもとに細かな条件について話をしてしまって、後で取返しがつかなくなるといったケースもあります。【第1章 事例5】のE会長がそうしたように、トップ面談の目的はあくまでも相手の雰囲気や人間性といった定性的な理解を深めることに絞り、細かな条件等の確認はFA等を通じて行えば十分です。

トップ面談の目的はお互いを知ることです。創業の想いや売手が第三者承継をするに至った経緯、買手として引継ぎを検討する理由や、引継ぎ後のビジョン等を相互に共有します。

④　支援者を上手に活用する

　経営者の中には職人気質の無口な社長もいます。ましてや初対面では
なかなか話が盛り上がらず、暗い雰囲気になっては印象がよくありませ
んので、事前に支援者と打ち合わせを行い、話題が尽きないように話す
テーマをあらかじめ整理し、支援者に進行してもらいましょう。

６　買手の投資金額の妥当性をどう考えるか？

(1)　EBITDAの活用方法

　買手として、M&Aを実行するか否かの決断をする際にEBITDA倍
率を指標として活用する方法があります。EBITDAは「イービット
ディーエー」や「イービットダー」「イービッター」等と呼ばれますが、
「Earnings Before Interest Taxes Depreciation and Amortization」の
頭文字をとったものです。直訳すると「利払い前、税引前、償却前の利
益」となります。

E …Earnings（利益）
B …Before（前）
 I …Interest（金利）
T …Tax（税）
D …Depreciation（有形資産の減価償却費）
A …Amortization（無形資産の減価償却費）

　つまり、国家や時代背景等によって異なる金利水準、税率、減価償却
方法等の影響を排除し、収益力の比較を容易にすることを目的として活
用されます。国際的な企業、あるいは設備投資が多く減価償却負担の高
い企業などの収益力を比較・分析するのに適しています。

◆図表 2-26　損益計算書（P／L）

売　上　高	1,000
売　上　原　価	500
減　価　償　却　費	100
そ　の　他　費　用	200
営　業　利　益	200
雑　　収　　入	10
受　取　利　息	5
支　払　利　息	35
経　常　利　益	180
特　別　損　失	100
税　引　前　利　益	80
法　人　税　等	20
当　期　純　利　益	60

営業利益から考えるのであれば、営業利益は金利や税金の影響を受ける前の利益ですから、営業利益に減価償却費を足し戻せば EBITDA を算出できます。ただし、営業外損益の中に本業と関連のある経常的に発生する収入や費用があれば、それも加・減算する方が良い場合もありますので注意が必要です。

経常利益をもとに計算をする場合は、「経常利益＋利息（支払利息－受取利息）＋減価償却費」で計算をします。この場合は、営業外損益の中に一時的な補助金や保険金等が含まれている場合もありますので、その処理について検討する必要がある点に注意が必要です。

＜EBITDA の計算＞

　①営業利益＋減価償却費

　②経常利益＋利息（支払利息－受取利息）＋減価償却費

承継を検討している事業の譲渡希望価格を買収後の想定 EBITDA で割ることで EBITDA 倍率を算出し、この倍率によって買収額の妥当性を検証します。

$$\cfrac{\text{事業の買収総額}}{\underset{\text{買収後の予測EBITDA}}{\overset{\text{株式取得額＋借入残高−非事業資産}}{}}} = \text{EBITDA 倍率}$$

M&A 巧者として有名な企業は「原則的には事業の買収額は想定EBITDA の 7 倍以下」というルールを決めているそうです。大手仲介会社では、中小企業 M&A の譲渡価格は EBITDA 倍率で「2 ～ 10 倍を目安に設定する」としており、かなり幅広いのですが、これは M&A後の相乗効果によっては大きく想定 EBITDA が変動するためです。

(2) 投資（M&A）金額の検証

企業が設備投資を検討する場合、その投資が生み出す利益（キャッシュイン）が投資額（キャッシュアウト）を上回るか否かが重要になります。

◆図表 2-27

【キャッシュイン】	【キャッシュアウト】
・増加する売上（単価×個数） ・減少する経費 　→人件費・水道光熱費・ 　　修繕費等 　　　　　　　　　　等	・投資総額 ・資金調達コスト（金利） ・投資により増加する費用 　→人件費・水道光熱費・ 　　修繕費等 　　　　　　　　　　等

（キャッシュイン ＞ キャッシュアウト）

また、投資と回収には時間のズレがあるという点を考慮しないといけません。「投資した金額を回収するのに、何年かかるのか？」を考えることを「回収期間法」と言いますが、回収期間が短ければ短いほど効率の良い投資と言えます。

さらに、投資資金の調達方法によってはキャッシュフロー（お金の流れ。以下「CF」といいます）を考慮する必要があります。投資の全額を自己資金で賄えれば考慮すべきは回収期間のみで良いですが、銀行借

入れで投資をする場合は、返済予定とその間の回収を検討します。

例えば、6,000万円を借りて、5年間で返済する場合、毎月末に100万円のキャッシュアウトが発生します。その場合、その月の回収（キャッシュイン）が100万円を上回らなければ資金は目減りを続けます。将来必ず回収が投資を上回るとしても、投資を回収する前にお金が足りなくなれば倒産です。M&Aを実施する場合も、この一連の投資の考え方と原則は同じです。

◆図表2-28

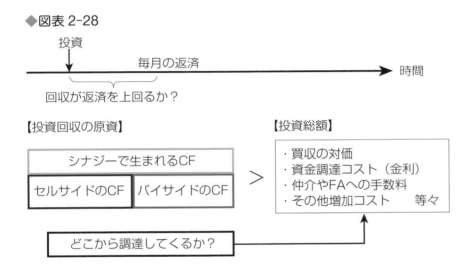

図表2-28にある通り、M&Aで必要となる資金を回収する財源は、①譲渡企業のCF、②買手のCF、③両社がM&Aをすることで実現するシナジーが生み出すCFです。回収原資が投資総額を上回れば投資の価値はあります。

では、その投資財源をどこから調達してくるのが妥当なのかについては、1つの考え方として次のように整理します。

- 対象企業が保有する有形資産
  →取得資金には自社の安定資金と CF を充てる。
- 対象企業が育ててきた無形資産（ビジネスモデル）
  →取得資金には対象企業の CF を充てる。
- １＋１＝２を超えるシナジー（相乗効果）
  →将来の投資機会のために蓄えに回す（シナジーが生み出す
    キャッシュの全額を事業を、買い取る資金に回すような前提の
    M&A は、原則回避した方が良い）。

　この前提を踏まえて、M&A で取得する価値を３つに分解して返済原資とのバランスを考えると良いでしょう。

◆図表 2-29

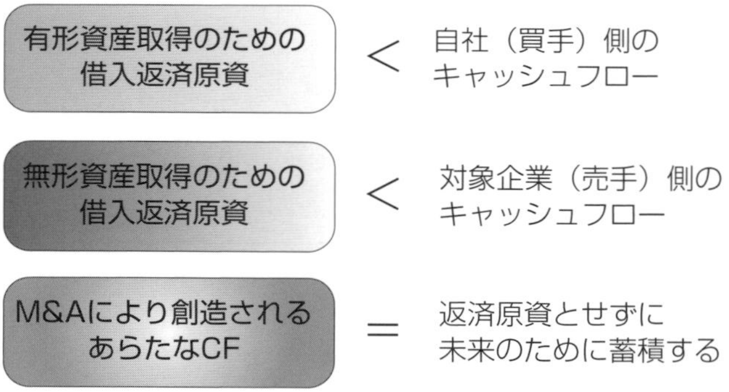

有形資産取得のための 借入返済原資	＜	自社（買手）側の キャッシュフロー
無形資産取得のための 借入返済原資	＜	対象企業（売手）側の キャッシュフロー
M&Aにより創造される あらたなCF	＝	返済原資とせずに 未来のために蓄積する

7　買手が考える承継スキームの選択

　売手側から提示される譲渡スキームのほとんどが「株式譲渡」か「事業譲渡」です。そうでなければ、余程の事情があるはずですので売手側の FA にその内容をよくよく確認してください。

ここで、買手の立場から「株式譲渡」又は「事業譲渡」いずれかのスキームを選択するポイントとして次の4つを挙げます。

---

(1)　承継後の組織形態をどうしたいか
(2)　簿外債務のリスクがどの程度あるか
(3)　承継する事業が許認可を要するか
(4)　自社の体力から見て投資額（希望譲渡対価）が妥当か

---

(1)　承継後の組織形態をどうしたいか

　図表2-30に示した通り、事業を引き継いだ後の形態は概ね、「子会社化する」「既存組織に吸収する」「兄弟会社にする」の3つに整理できます。子会社化と兄弟会社はいずれも別組織での運営になりますが、既存組織に吸収する場合は人事制度や組織運営のルールについて素早い組織の統合が求められます。一方で、間接部門の効率化や管理費等の削減が行えるのはメリットと言えます。兄弟会社にする場合、株主が法人であればその法人をホールディング会社とした運営ができます。複数事業を傘下に置いてM&Aによる事業展開を柔軟に行える組織形態です。

◆図表2-30

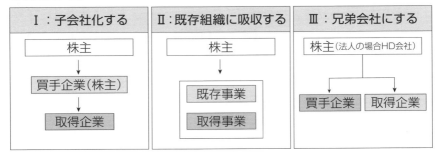

⑵ 簿外債務のリスクがどの程度あるか

　未払残業代や社員退職金といった簿外債務だけでなく、過去の労災事故の賠償が残っていたり、取引先から思わぬ訴えを起こされるといった目に見えない債務があったりする可能性はどの企業にもあります。特に歴史の長い企業ではそういったリスクは高まらざるを得ません。もし、そういったリスクが著しく高いと思えば、リスクを含め包括的に引き継ぐこととなる株式譲渡は避けて、事業譲渡を検討したいところです。事業譲渡であれば、先の組織形態は「既存組織に吸収する」となりますが、それも回避したければ新設法人を設立して子会社や兄弟会社にすることも可能です。

⑶ 承継する事業が許認可を要するか

　法人に与えられた許認可であれば、株式譲渡で承継すれば基本的にその許認可ごと引き継ぐことができます。事業譲渡であれば新たに許認可を取得する必要が出てくるので、この点の確認は重要です。再取得が難しい許認可であれば株式譲渡がスムーズでしょう。ただし、【第1章事例4】で紹介した産業廃棄物事業の承継のように、再取得が困難な事業でも事業譲渡が全く無理というわけではありません。

⑷ 自社の体力から見て投資額（希望譲渡対価）が妥当か

　自社の体力から見て、投資額（希望譲渡対価）が著しく大きくて手が出せないような場合、これも【第1章事例4】のように株式譲渡であれば資産のすべてが譲渡対象となりますが、事業譲渡による承継を行い、高額な不動産を切り離して引き受けるといった検討ができるかもしれません。当然譲渡側の企業との交渉になりますが、どうしても承継をしたいのであれば検討の余地はあります。

　以上の状況を踏まえ、買手として売手の希望スキームを容認できるか否かを検討し、難しいようであればこちらから改めてスキーム提案を行

う必要があります。

8　意向表明書には何を書く？

　追加情報の確認やトップ面談を行った結果、是非承継をしたいと思ったら、既に売手側から提示されている希望を踏まえて、買手から売手に諸条件を記載した意向表明書を提出します。

　意向表明書には、アドバイザーや専門家等の第三者にも相談し、自社の現状と照らし合わせた上で以下のような内容を記載します。

(1)　M&Aの目的やM&A後の方針

　譲渡する決意は単純に金額や譲渡条件のみで決まるわけではありません。引き継ぎたいと考えた経緯や、引き継ぎたいと考えた想い。引き継いだ後のビジョンを見て、心が動かされれば、対象金額が譲渡側の社長の希望に届かなくてもこの人に承継したいと思う可能性はあります。「想い」をのせて言葉にしてください。

(2)　譲受希望金額

　売手の希望を踏まえ、自社の体力や資金調達、買収後の相乗効果等を勘案して、現時点でお受けできる金額を記載します。ただし、今後買収監査（デューデリジェンス、DD）の実施により金額は変更することがあることは記載しておきましょう。詳細は後述します。

(3)　M&Aの方法（スキーム）

　売手の希望を踏まえ、承継後の運営等を勘案して買手としての希望スキームを記載します。基本的には「100％株式譲渡」又は「事業譲渡」のいずれかを選択する場合がほとんどかと思いますが、組織再編等が絡む場合は、税務リスクが生じないように事前に税理士と打合わせをしてください。事業譲渡であれば、対象事業を明確にしておく必要があります。

⑷ 実行時期

経営統合を実現したい希望時期を記載します。

⑸ 従業員の処遇

「社員の雇用を守る」というのがM&Aを決意した理由である場合も
あるほど、譲渡側の経営者にとっては重要な項目です。「実質的に現状
の雇用条件を下回らないように引き受ける」とまとめる場合が多いので
すが、まれにあまりにも社員の処遇が良すぎる場合や、事業譲渡で従業
員を買手側の企業が再雇用するようなスキームの場合は、必ずしも条件
を引き継げるとは限りません。その場合も従業員とその家族の生活を
守っていくという想いが伝わるように文章を整理します。

⑹ 役員の処遇

代表者はもちろん、経営上重要なキーマンとなる役員のM&A後の
処遇等を整理します。引継ぎのために最低○年は残ってほしいといった
内容や、肩書き等の希望を記載するイメージです。

⑺ 資金調達の方法

大きな金額になれば金融機関からの融資が前提となります。その場合、
金融機関からの支援が得られなければ当然承継は実現しませんので、事
前にそのことは売手に伝えておくことで、後々起きかねない誤解の因子
が摘みとれます。

売手としても融資が得られるかは不確定な不安要素となります。例え
ば、譲渡対価の一部を手元資金で、残りを金融機関からの調達で賄うと
いう記載であれば、売手の安心感は強まりますので、手元資金で賄う条
件があればその旨を記載しておくと良いでしょう。

⑻ その他

法人が代表者から借入れがある場合、その債務の取扱いについて、全

額債務免除を希望するとか、M&A実行時に全額返還するといった内容や、オーナー個人が所有する不動産が経営に関連する場合、その不動産の譲渡や賃貸契約のまき直し等を記載します。

(9)　法的拘束力がないこと

　意向表明書はあくまでも事前開示情報が正確であるという前提に基づき作成するものです。したがって、意向表明書の最初か最後に、必ず「現時点での意向を提示したものであり、法的及び経済的な拘束力のあるものではない」という前提を明らかにして記載しておく必要があります。

📢 意向表明書の詳細は資料編を確認

譲渡条件の整理・検討

1 売手が話を進める相手を1社に絞る2つの方法

　買手からの意向表明書の提示を受けて、売手は面談時の印象や経営方針、提示された条件を踏まえ、最終合意を見据えた交渉をどの相手と進めるのかについて最終的に1社に絞り込まなければいけません。絞り込んだ1社に独占交渉権を付与することになるのですが、独占交渉権についてはこの後説明します。

　相手を絞り込む方法には、「相対方式」と「入札方式」があります。それぞれの特徴を確認し、どの方法で実施するかを売手があらかじめ決めておく必要があります。

(1)　相対方式

　1社1社と個別に条件交渉を行いながらどの相手にするかを決めていく方法です。小規模企業 M&A ではこの方法を採用するケースが多く見られます。相互の状況を踏まえて話合いを重ねながら条件設定をしていくので、話合いの中で相互の理解が更に深まることが期待されます。お互いの状況に合わせた細かな条件設定も可能です。ただし、期限が明確に決まらないため、交渉期間が長引くことが懸念されます。

　また、多くの場合、売手側が提示した条件が最高基準点となる場合が

多く、買手側の要望によって引き下げられる想定をしておく方が良いと思います。

◆図表 2-31

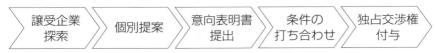

譲受企業探索　個別提案　意向表明書提出　条件の打ち合わせ　独占交渉権付与

⑵　入札方式 (ビット方式)

　複数の相手から意向表明があることが期待される、人気業種等で採用を検討したい方法です。売手側が「入札実施要項」を作成しスケジュールや提示条件の管理を行います。期限内に提出された意向表明書の中から、最終契約に向けた話を進める企業を 1 社に絞り込みます。もちろんトップ面談等も実施しますが、相対方式のように多くの交渉機会はありません。

　相対方式では売手が提示した条件が天井になる傾向が多くみられますが、入札方式では複数社の競争となるため売手の希望条件を上回る場合が多いです。さらには、**図表 2-32** のように入札を一次で終わらせず二次入札まで実施する場合は更にその傾向は強くなります。一番札を入れた相手と決裂した場合、次席入札者がいるので売手が強気に交渉できるのも特徴です。

◆図表 2-32

要項開示　一次入札　絞り込み　二次入札　独占交渉権付与

2 基本合意書を締結する目的

　基本合意を締結すると「DD」や「情報開示」「資金調達」といった、最終契約に向けた準備に入ります。特に買手には専門家への報酬等コストもかかってきます。準備のために情報開示をしやすくする準備も必要です。これまで話し合ってきた諸条件についてもお互いの認識に行き違いや思い込みがないかの確認をしておく必要もあります。それら最終契約に向けた基本的条件の確認を行うのが、基本合意です。

　基本合意書は、売手又は買手のいずれかがFAの支援を受けて素案を作成し、お互いに確認をしながら相互の提示条件に齟齬がないように調えていきます。

◆図表2-33

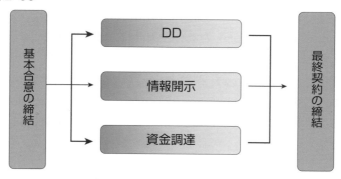

(1)　ディールプロテクション効果を獲得できる。

(2)　情報開示が可能な状況が作れる。

(3)　曖昧な条件を詰められる。

(1) 独占交渉権を買手に付与する

　相手探しのプロセスでは売手は多くの買手候補企業と交渉の場を持つことができました。その後、最終契約に向けて進めるべく対象を1社に絞り込んで以降は、買手はコストをかけてデューデリジェンス（以下、「DD」といいます）や、資金調達の準備を進めていきます。その間、水面下で売手がこっそり相手探しを継続し「もっといい条件の買手を見つけたから」とか「気が変わったから」と言って一方的に断りを入れられたら、コストや時間を使い、専門家を巻き込んで準備を進めている買手側はたまったものではありません。

　そうならないように、売主が別の買主候補との間で新たな合意に至る行為を禁止する手法が独占交渉権の付与です。売手が買手に対して「買手以外の第三者と承継に関する交渉をしていないこと」を保証しますが、具体的には基本合意書や通知書によって相互に確認するのが一般的です。

　　　　　　　🖙 独占交渉権に関する通知書は資料編を確認

(2) ディールプロテクション効果の獲得

　ディールプロテクションとは売主と買主が合意した取引条件を保護し、その実現可能性を高めるものです。独占交渉権の付与もその1つと言えます。

　また、法的拘束力はなくても諸条件を文章にまとめ、相互に捺印をするという行為により「それを反故にすればあなたは約束を破ることになるのですよ」という心にプレッシャーをかけることにもつながります。約束を反故にするからには相応の理由が必要です。

　特に買手はM&Aのクロージングに向けてコストと時間をかけ、多くの人を巻き込むことになります。にもかかわらず、売手が「もっと良い買手が出てきたから」とか、「気が変わったから」と言って約束を反故にしてしまったら、大変な損失です。基本合意にブレイクした場合のフィー（ブレイクアップフィー）を明記する場合もあります。

⑶　情報開示が可能になる

　ディールプロテクションを行うことで、情報開示が行いやすくなります。DD を行うには、買手が複数の専門家に報酬を払い、売手はあらゆる情報開示をしなければいけませんので、まだどうなるかわからない段階で DD を行うのは相互にリスクがあります。その他にも、売手は DD を対応する経理担当社員等一部社員に M&A の実施を伝える必要が出てきたり、取引先への事前相談も必要です。資金調達を計画するのであれば、金融機関にも打診しなければいけませんが、金額も時期も未定では相談にはなりません。少なくとも調印した基本合意書をもって相談しに行くといったことが必要になります。

⑷　諸条件を明文化する

　合意書作成のためにはそれまで売手・買手で話し合ってきた諸条件を文字にする必要があります。そのプロセスで曖昧にしていたものが残っていればその点が浮き彫りになり、細かな詰めができます。「DD もしていないこの時点で金額を入れるか？」という議論もありますが、あくまで現時点で手にしている情報が正確であることを前提として金額も入れることを勧めています。曖昧なまま先送りにして得られるメリットはほとんどありません。細かな条件を明らかにしておくことにもディールプロテクション効果があります。

＜基本合意書で相互に明文化する主な条件＞

---

①　採用スキーム（株式譲渡・事業譲渡・資本参加等）

②　譲渡対価（退職金等細かな内訳は不要）

③　基本合意締結後のスケジュール（DD や最終契約）

④　付帯条件（従業員の処遇や債務の弁済等）

⑤　ディールプロテクション（独占交渉権、ブレイクアップフィー等）

☞ 基本合意書の詳細は資料編を確認

(5)　支援者は非弁行為に要注意

　支援する方が弁護士でない場合、「非弁行為」には要注意です。M&A
の支援には確かに資格は不要ですが、弁護士でない者が、弁護士のみに
認められている業務を報酬目的で行うことは弁護士法72条、73条に違
反することになります。つまり、依頼者に条件交渉のアドバイスをする
ことはできても、本人が交渉の代理を行う資格がないことは把握してお
きましょう。

（非弁護士の法律事務の取扱い等の禁止）

第72条　弁護士又は弁護士法人でない者は、報酬を得る目的で訴訟事件、
　　非訟事件及び審査請求、再調査の請求、再審査請求等行政庁に対する
　　不服申立事件その他一般の法律事件に関して鑑定、代理、仲裁若しく
　　は和解その他の法律事務を取り扱い、又はこれらの周旋をすることを
　　業とすることができない。ただし、この法律又は他の法律に別段の定
　　めがある場合は、この限りでない。

（譲り受けた権利の実行を業とすることの禁止）

第73条　何人も、他人の権利を譲り受けて、訴訟、調停、和解その他
　　の手段によって、その権利の実行をすることを業とすることができな
　　い。

　時間的制約によって基本合意契約書への調印を行わず、最終契約を実
施する場合でも、独占交渉権の付与のみは、通知によって確定させるこ
とをお勧めします。基本合意書や独占交渉権の通知書については別紙サ
ンプルで確認してください。実際には弁護士とよく相談して作成する必
要があります。

3 基本合意書への調印式を最大の山場にすべき！

(1) 基本合意書への調印とは何か？

基本合意を迎えると、売手側の経営者は「本当にこの相手で良いのだろうか？」「この相手はクライアントや社員を大事にしてくれるだろうか？」「もっといい相手がいるのではないか？」「仕事を辞めたら、その後一体何をしよう…」という迷いや不安が生じ、いわばマリッジブルーに陥ります。これは、特に事業を大事にしてきた経営者であればあるほど顕著だと感じています。以前、「自分はそんなことにはならないよ！」と笑い飛ばしていた豪快な社長が、「やっぱり引継ぎはもう少し先送りできないだろうか…」と不安げな表情で相談してきて驚きましたが、理屈抜きでその仕事や会社が好きなのだなと実感した出来事でもあります。

また、基本合意書への調印が終わっても、DD やそれに基づく条件交渉、社員説明会や取引先への挨拶回りと双方の協力なしでは進まないことばかりです。当然、考え方や具体的手順等で食い違いが浮き彫りになることもあります。

「売手・買手」「譲渡側・譲受側」「被承継者・承継者」、どう表現しても両者は対立関係としてイメージしがちです。しかし、「引き継いだ会社を残し成長・発展させる」という共通の目的を持った経営者でもあります。「売手と買手は目的を共有する同士なのだ」と実感を持ってもらうのが、基本合意書への調印式なのです。いわば、最高のディールプロテクション効果を発現させるイベントだと言えます。

(2) 最終契約ではなく基本合意書の調印式が山場な理由

「基本合意ではなく、正式に譲渡を決定する最終契約の方が重要なの

では？」と思う方もいるかもしれませんが、最終契約まで辿り着けば、お互いに花束でも渡して終了で大丈夫です。最終契約に辿り着くために、基本合意書への調印式が大切なのです。

(3) 基本合意書への調印式でやること

　最も大切なのは、正式に行うことです。式次第のサンプルがあるので確認してください。売手と買手のFAで事前準備を行い、両社の社長にも決意表明をしてもらいます。私が参加した調印式で、その内容に感動しなかったことはありません。短い言葉でも、その中にこれまで会社を大切にしてきた想い、そして「買手であるあなたに渡す」ということへの強い期待が込められているのが伝わります。一方で、買手には売手の想いを引き継ぎ、この事業を必ず成長・発展させていくという決意が溢れ出てきます。この言葉を交わしたか交わしていないかは、その後のPMIの成否を決めるほど重要です。

☞　調印式の式次第は資料編を確認

Process
04

クロージング

1 クロージングの全体の流れと支援者の役割

(1) 最終契約までに取り組むこと

　基本合意を終えたら、最終契約に向けた「DD」、「情報開示」、「資金調達」を実施します。このプロセスからは、売手・買手という対立関係ではなく、事業を承継させていく同志として両者が協力して最終契約に進むという認識をしてほしいですし、支援者はそうなるようなリードを心がける必要があります。

　大まかには3カ月程で最終契約を締結するスケジュールを組みますが、その間に想定外のことが起これば最終契約を適宜延長します。

　当事者以外の専門家や社員、クライアント、金融機関等を巻き込む取組みになるので、スケジュール調整等に手間がかかる可能性もあるため、支援者は先回りして予定を立てるよう心がけてください。

(2) 支援者の役割

　このプロセスは最終契約に向けて様々な問題や課題が浮き彫りになる時期でもあります。売手・買手という通常は相対する関係にある両者を、一緒に最終契約を実現しその後も協力して企業の成長・発展につながる

関係性になるよう支援者が取り組む必要があります。その前提で、以下の点を心がけることとして整理したいと思います。

①　M&Aの目的を常に確認する

「なぜ事業を譲渡するのか？」「なぜ事業を引き継ぐのか？」を整理し、問題が生じた場合は依頼者と一緒に目的に立ち返って対応を検討します。

②　目標（＝課題）は曖昧にせず、すぐに関係者と共有する

目標とは、最終契約に向けて起きる課題です。例えば、DDで問題が明るみに出た場合や、取引先への報告の際に不都合な内容が起きてしまう等が生じた場合、すぐに売手・買手双方に明らかにし、一緒に問題解決に取り組むことを徹底します。

③　答えを「提示する」のではなく、相手から「引き出す」

知識やノウハウについての質問にはもちろん答えて良いのですが、方針や問題への対応等の本来答えのない問題や疑問に対しては、依頼者が答えを出せるよう支援することはしても、支援者が答えを出してはいけません。当事者に代わって答えを出すと、相手の依存を引き出し、良くない結果を生みます。依頼者に対して「どうしたいのか」を尋ねることを心がけます。

④　進捗状況を常に共有しておく

最終契約に向かうプロセスでは相互の協力が欠かせません。現状が正確に把握できていないと不安が相手への不信につながることもあります。ボールは誰が持っていて、それがいつ返ってくる予定なのかといった状況について、相手を含め全員が共有するよう心がけてください。

⑤　衝突やブレイクを恐れない

条件が折り合わない場合や、DDで明るみになった問題の解決ができないといった事態に陥った場合など、折り合うことが難しいと判断した

ら、いたずらに時間をかけるよりも早めにディールブレイクさせて次の相手を探しに行く方が双方にとって価値があります。支援者の都合で案件を長引かせるようなことがあってはいけません。

2 DDと表明保証の関係性を押さえる

DDとは、買主が本人又は専門家に依頼して、投資を行うにあたり投資対象となる企業や資産の価値、リスク等の調査をすることです。よく企業価値評価と混同している人がいますが、それとは異なります。DDの結果、企業価値に影響を及ぼすことはありますが、その他にスキーム等の企業価値以外の諸条件に影響を及ぼすこともあります。

DDについて理解を深めるためにはもう一つ押さえておかなければいけないテーマがあります。それが「表明保証」です。

表明保証とは、契約目的物などの内容に関連して、一定時点における一定の事項が真実かつ正確であることを表示した上で、表示された事項に誤りがあることによって生じる損害を補填するという担保の誓約です。したがって、ある事実を表明してしまうとその表示に誤りがあれば、表示をしたものの故意や過失を問うまでもなく補填責任が認められるとされています。

M&Aでは最終契約書に相互の要請に基づいて、表明補償を条項として盛り込みます。引き継ぎ後のリスクを回避するために、買手が売手に対して求める表明保証の内容が多くなります。対象企業の業種や状況等によって大きく変わってきますが、あくまでも一般的な表明保証のポイントは次のような内容です。

---

① 対象会社が過去適切な許認可等を有して営業してきたこと
② 対象会社に反社会的勢力とのつながりがないこと
③ 事前に提示された株主名簿の記載内容に誤りがないこと

---

④　対象会社の過去の会計処理が適切であったこと（簿外債務がないこと）

⑤　対象会社の過去の税務申告が適切であったこと

⑥　従業員への未払い債務や未払退職金が無いこと（規定通りであったこと）

⑦　株主や経営者の交代により内容を変更しなければならない事項が適切に処理できていること

⑧　現在、訴訟を抱えておらず、また抱える可能性が無いこと

⑨　譲渡対象となる不動産の登記が適切であり、汚染等の心配もないこと

⑩　環境等に関して行政指導を受けていないこと

⑪　基本合意で約束した内容を今日まで履行していること

⑫　提出済みの資料等に改ざんがなされていないこと

☞　具体的な条文のイメージは、資料編の「株式譲渡契約書」を確認

　以上のような内容について表明補償をとるのであれば、承継後に問題が生じても買手は損害賠償請求ができるので、わざわざ専門家に報酬を払って DD をしなくても良いのではないでしょうか。しかし、そうとも言えません。

　承継後に表明保証違反に気づいても、それにより生じた損害を回収できる保証がないからです。例えば、損害額が譲渡対価を上回ってしまった場合や、譲渡対価を個人的債務弁済に充てていて既にお金が残っていないといった場合は損害額を確定できても実際に回収することはできません。そうならないように最終契約前に DD を実施し、リスクがあれば譲渡対価やその他の条件として契約する方がより確かです。ここに DD の必要があります。

◆図表 2-34　DD の全体の流れ

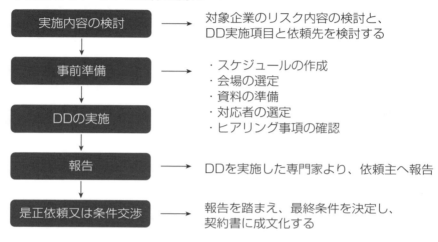

対象企業のリスク内容の検討と、
DD実施項目と依頼先を検討する

・スケジュールの作成
・会場の選定
・資料の準備
・対応者の選定
・ヒアリング事項の確認

DDを実施した専門家より、依頼主へ報告

報告を踏まえ、最終条件を決定し、
契約書に成文化する

(1)　DDを実施する内容の検討

　DD と表明保証の関係を踏まえて、何をテーマに、どの分野の DD を行うのか、又は表明保証に留めるのかをリスクと勘案しながらアドバイザーと一緒に検討します。検討のポイントは次の3つです。

・**売主側の事前開示情報の内容の真実性の確認**
　事前に提示されている決算情報や労務管理状況等が資料や事前インタビューの通りであるかを確認します。
・**偶発債務や簿外債務の有無の確認**
　意図的に簿外債務を隠しているということもありますが、それよりも譲渡側の社長も気づいていない簿外債務や偶発債務がないかを確認します。

- 買主が M&A 後に想定するシナジーの実現性の検証

　　事業を承継することで実現したい相乗効果を本当に引き出せるのかを検証します。専門家に依頼するというよりも、買手側のプロジェクトチームが中心で行うことになるでしょう。

＜ DD の種類＞

- **財務、税務 DD…公認会計士、税理士**

　　過去の「財政状態」及び「損益状況」の事前提示情報の真実性を確認するとともに、棚卸資産の価値や不良債権、簿外債務の発見に力点を置いて調査を行います。また、税務上の申告漏れ、届出の不備といったリスクの把握も含まれ、特殊スキームの場合にはその適法性の確認まで含みます。
- **労務 DD…弁護士、社会保険労務士**

　　働き方改革により雇用にまつわる法律は大きく変化しており、特に小規模企業では対応がおざなりになっている場合も多いので特に注意が必要です。不当解雇に係る訴訟リスクや残業代・社会保険料の未払い、退職給付債務の有無、労働組合があればその関係性、労働関係法令違反、問題社員の存在、従業員の不祥事、労災事故等労務に関する簿外債務・偶発債務の調査を行います。近年外国人の雇用機会も増えており、その適法性の確認も重要です。
- **法務 DD…弁護士、司法書士**

　　顕在、潜在問わず、取引企業との訴訟等 M&A 実行への障害、企業評価や M&A 後の事業計画に影響を与えるような、主要取引先との取引契約におけるチェンジオブコントロール条項等の法律問題の発見に重点を置いた調査を実施します。
- **不動産 DD（環境 DD）…不動産鑑定士、専門コンサルタント**

　　譲渡対象資産に不動産が含まれる場合は実施の検討が必要です。用途の適法性や土壌汚染問題といった各種環境問題を調査し

ます。土壌汚染リスクの高い業種（化学薬品系、メッキ産業、ガソリンスタンド、クリーニング業等）では検討が必須です。

　また、歴史のある企業で不動産を所有している企業の場合は、隣地との境界が不明瞭な場合もあり注意が必要です。

・ビジネス DD…専門コンサルタント

　対象会社の製造や営業等のビジネスモデルを把握、事業性の評価及びシナジー分析・事業統合に関するリスク評価等を行います。小規模企業 M&A では買手側経営者が自ら実施する場合もあります。

・その他特殊事情の検討

　対象企業の特殊要素等を検討し、必要に応じて専門業者に依頼します。例えば、医療法人のレセプト監査を依頼する場合もあります。

　専門家に依頼して DD を実施する場合は、実施分野ごとに費用が必要となります。費用も専門家によってかなり幅があります。リスクの程度と掛ける費用を勘案し、相見積りをとるなどして実施分野を絞るといった検討も必要になります。

(2)　事前準備

　事前準備として両社の FA が打ち合わせをして、DD の実施当日のスケジュールを作成します。売手企業で実施できれば資料も揃っているので取り組みやすいのですが、社内への情報開示がされていない場合は近隣に会場を確保して行います。

　買手は事前に「必要資料」や「質問内容」を売手企業に提示します。また、質問対応するのが社長だけではなく経理スタッフや営業の管理職を巻き込むといった場合もありますので、事前に情報開示をする必要性が生じることも想定する必要があります。

☞　DD スケジュールの詳細は資料編を確認

(3) 実施当日

DD の実施当日はスケジュールに則って進行します。通常は FA（もしくは仲介者）も立ち会い、質問の通訳や資料のコピーをとるような作業の支援を行います。特に譲渡側のアドバイザーは経営者をフォローすることが大切です。専門家から囲まれるという慣れない環境の中で、重箱の隅を突くような質問をされることもあり、人によっては相当なストレスがかかることが想定されます。

(4) 報告、是正依頼、条件交渉

DD 実施後、専門家から報告書とともに結果の報告があります。新たに明らかとなったリスクについて、FA とともにそれぞれを次の 4 つの段階に評価して対応します。

> ① そのまま許容できるリスク
> ② 期限を切って相手に是正を要求するリスク
> ③ 譲渡条件に変更を要するリスク
> ④ 基本合意契約を解除し M&A を白紙に戻すリスク

　判断するために更に資料請求等が必要となり時間がかかることもありますし、②や③は是正や変更条件の交渉に一定期間が必要になることが想定されます。

　③の譲渡条件の変更では、単に譲渡価格の見直しのみならず、リスク内容に応じ譲渡スキームの変更や役員の継続雇用条件の変更を検討することが必要です。

　④の M&A の検討を白紙に戻すのはとても残念ですが、例えば、工場用建物が建築不適格であることが判明した場合など、条件変更で解決できるようなテーマではなく白紙撤回という結論を出さざるを得なかったケースもあります。

4 買手の資金調達

　株式や事業を買い取る資金が手元資金のみで賄えない場合は、資金の調達が必要になります。企業の資金調達方法には、大別すると「エクイティ・ファイナンス」と「デット・ファイナンス」の2つの種類があります。

◆図表2-35　貸借対照表（B／S）

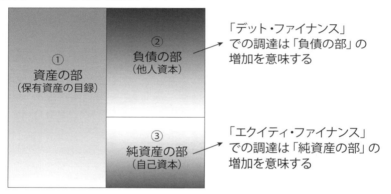

・エクイティ・ファイナンス…エクイティとは「資本」のことで、株主から資金を調達する方法。返済の必要がないのが特徴。
・デット・ファイナンス…デットとは「債務」のことで、第三者から資金を調達する方法。返済の必要があり、経費として利息が生じる。

◆図表 2-36

	エクイティ・ファイナンス	デット・ファイナンス
メリット	・返済不要 ・無担保 ・自己資本比率を高められる ・業績に応じた配当でよい	・経営権に影響しない ・調達先が多数存在する
デメリット	・株式の希薄化を招く ・調達先が限定的	・返済が必要 ・担保や連帯保証を求められる ・利息（経費）が発生する
具体的方法	・公募増資 ・株主割当増資 ・第三者割当増資 ・新株予約権付社債 ・ベンチャーキャピタル　　等	・銀行融資 ・公的融資 ・ビジネスローン ・不動産担保ローン ・社債発行　　　　　　　等

　以上を参考にして「どこから」「いくら」調達するのかを検討します。

(1)　どこから？

　デット・ファイナンスでの調達を考えるケースが多いと思いますが、そうであれば買手の取引銀行、売手の取引銀行、日本政策金融公庫のような政府系金融機関に相談して調達を検討します。特に政府系金融機関は、社会情勢を反映した制度融資を扱っており、事業承継に関する融資も積極的に支援しています。既存取引銀行と合わせて、協調融資を申し込むといった提案も有効です。

　また、老舗企業であれば継続や復活を望む声も多く、私募債を公募するといったエクイティ・ファイナンスの検討も可能でしょう。その他にも、クラウドファンディングを活用し、想いに共感した一般消費者から直接資金を集める方法もあります。実際に【第1章 事例2】の老舗かまぼこ店は、クラウドファンディングで復活に向けた資金調達と合わせて、ファンづくりやテストマーケティングにも取り組んだようです。

　同時に検討しておきたいのが補助金の活用です。「事業承継・引継ぎ補助金」といった補助金がありますし、「事業再構築補助金」はM&A

を実施し、事業にてこ入れをするための設備投資等も対象にしています。よく調べて活用できるものは活用しましょう。

　ただし、補助金活用において大切なことは、採択されるのか不明ですので、初めから補助金を当てにした計画を立てないことです。時々補助金を得ることが目的になっている経営者や支援者を見かけますが、本末転倒です。

⑵　いくら?

　次に、資金調達の金額を明らかにします。主に必要になる資金は次のとおりです。

◆図表 2-37

項　　目	金　額
①　株式(事業)の取得金額	
②　その他資産(個人所有の不動産等)調達金額	
③　支援者への報酬	
④　DD 費用	
⑤　M&A 後に必要となる修繕費や設備投資の費用	
⑥　M&A 後一時的に経営が悪化した場合の余裕運転資金	

⑶　調達しなければならない資金を減らす

　【第1章 事例4】では、調達資金を減らすという視点もあり、株式譲渡スキームではなく事業譲渡スキームを採用しています。このようにスキームを変えることで調達すべき資金を減らすことも可能です。

　次に、スキームが「株式譲渡」で、かつオーナー社長の退職が前提となる場合は株式の譲渡対価を退職金とすることで、セルサイド側の資金を譲渡対価に充てることが可能となります。例えば、次ページの**図表2-38** のように株式譲渡対価が1億円と決定した場合、その一部として4,000万円を株式譲渡対価ではなく、退職金として譲渡側のオーナー兼

社長に支給し、株式の譲渡対価は 6,000 万円とします。こうすることで、譲渡側のオーナー兼社長の納税額が下がり手取り額が多くなるとともに、買手も、退職金部分は引き継いだ会社の損金となりますので、節税効果が期待できます。また、退職金は引き継いだ会社の資金を活用して支給できるため、買手が準備すべき株式の買取資金を減少させる効果もあります。

◆図表 2-38

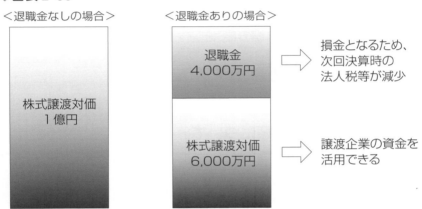

同様に、株式譲渡であれば、事前に株主にセルサイド側の預金を配当金として拠出することで、自己資本を圧縮でき譲渡対価を押さえることができ、結果的に調達すべき資金を減らすことができます。退職金と違い、配当は株主に対して行うので、オーナー社長でなくても活用できますが、配当金への課税は譲渡への課税より税率が高くなり、売手の手取り額が減少することに注意してください。いずれも資産の中に現預金が潤沢にある会社を承継する場合には検討可能な方法です。税理士ともよく相談して検討しましょう。

◆図表2-39

貸借対照表（B／S）

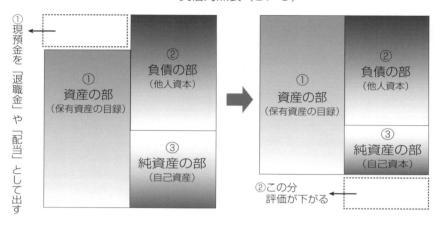

5 情報開示の手順について

(1) 情報開示について

　基本合意締結により利害関係者（ステークホルダー）への情報開示が可能となります。【第1章 事例3】のように、情報開示の段取りを間違えると、承継後に大きな問題が生じる可能性があります。情報開示は慎重かつ確実に計画を立てて進めてください。

(2) 譲渡企業を取り巻く関係者の整理

　企業は取引先やクライアントだけでなく、社員や地域社会、地球環境等多くの関係者に支えられて初めて存在することができます。

　承継後もそういった関係者からの支援は大変重要です。もし、協力が得られなければ承継を断念せざるを得ないこともあるでしょう。そこで、スムーズな承継ができるよう譲渡対象企業の経営者と一緒に関係者を整理し、どのタイミングで挨拶を行うかを検討する必要があります。

◆図表2-40　会社は誰のものか？

（原丈人『公益資本主義』（2017年、文藝春秋）より

(3)　情報開示のタイミング

◆図表2-41

A…M&A実施について相談・検討する段階です。特に株主や重要な役
　　員にはこの段階でM&A実施についての了解を取りつけておかな
　　ければ、せっかく買手が見つかっても譲渡が実現しないといった結
　　末を迎える可能性があります。買手としても、売手の株主が意思疎
　　通できているかの確認は重要です。

B…基本合意より先に進むと、買手には情報提供料やDD費用と行った
　　費用が発生します。株主や幹部社員、顧問税理士、メインバンクの
　　担当者といったブレーンと対象企業に関してM&Aの実施の有用
　　性について多面的に検証を行い、実行するか否かを検討します。

C…基本合意の締結によりよほどの問題が発覚しない限り最終契約まで
　　向かうことが前提となるため、重要な利害関係者に対して情報開示
　　することが可能となります。売手側経営者と買手側経営者が揃って
　　重要な取引先へ挨拶に回ったり、幹部社員等のキーマンにM&A

実施について説明したりします。誰に情報開示をするのかについては、両者で打ち合わせをして検討してください。

　また、買手側では資金調達を進めるべく金融機関への融資の申込みや補助金申請の準備に入ったりする時期になります。

　情報開示先が広がるため情報漏洩への注意が必要になります。【第1章 事例4】で起こった問題のように、社員の間で情報が広がり、ありもしない噂が広がるといったこともあります。事例では事前に発覚し事なきを得ましたが、収拾できずに社員の離職が加速しM&Aを断念する事態に陥る可能性もありました。噂話で広がるのは、悪い噂ばかりです（不思議と「良い噂」は広がらないものです）。この点には最大限の注意をしてください。

D…最終契約後の情報開示で重要なのは、全社員に対する発表です。社員が不安や動揺を感じることがないよう「良い会社に引き継いでもらってよかった」と思ってもらえるよう売手側・買手側両社の社長が揃って説明会を開く必要があります。【第1章 事例5】でも社員説明会の様子が出てきます。ぜひ参考にしてください。

　その他に、広くHPに掲載したり葉書等で文章を送付したりします。大切なのは、これを機会に社員や取引先との関係性を現状維持ではなく、より深いものにするための工夫です。その時になって慌てないよう事前にしっかりと準備しておきましょう。

6 「最終契約書」確認のポイント

(1) 譲渡対価や役員退職金、債務の弁済額等、詳細な対価の内訳

　特に株式譲渡スキームは、譲渡対象資産や引き継ぐ契約を個別的に明らかにする事業譲渡と異なり、資産や負債を包括的に引き継ぐこととなるため、譲渡対価の内訳の検討が必要です。役員退職金や株主への配当、役員からの債務があればその返済、といった内訳によって売手の納税額

が変わるため、最終的な手取り金額に影響します。税理士に相談しつつ、売手、買手双方でよく確認し最終内訳を決定する必要があります。

⑵　M&A後の役員の処遇

　売手から代表者や役員の条件を細かく設定してほしい旨、要望されることがあります。そのような売手側の役員の退職や譲渡後の肩書、具体的業務の引継期間、引継期間の報酬等は契約書に記載する必要があります。

⑶　譲渡側企業の表明保証の内容と表明保証違反時の賠償内容

　最終契約書は買手が譲渡後のリスクへの対応を決めることができる最後の機会です。その具体的方法に、売主からの「表明保証」があります。表明保証については「2　DDと表明保証の関係性を押さえる」（136ページ）でも記載しましたので、そちらも確認してください。

　表明保証の内容は、業種や承継する資産等によって変わりますので、経験のある弁護士と打ち合わせを行うことをお勧めします。買手が一方的に売手に要求し、それを売手がどこまで許容するかというやりとりとなれば、リスクのなすりつけ合いという印象になります。そうではなく、引き継ぎ後に安心して経営をしてもらうために不安を払拭することを目標に表明保証内容を検討するというスタンスが重要です。

⑷　経営権の承継手順（スキームによって異なる）

　経営権の引継ぎは「採用するスキーム」「資金調達の方法」「債務の保証人の変更手続きの有無」等によって異なります。実際に登記を依頼する弁護士や司法書士等の専門家と事前に手順をよく確認しておいてください。

　ここでは、一般的に承継型のM&Aにおいてよく採用される「株式譲渡」と「事業譲渡」、それぞれのスキームにおける手順を確認しておきます。

① 株式譲渡の場合

　株式譲渡スキームによって経営権の移転を行うには、譲渡側企業で取締役会（取締役会非設置会社においては株主総会）での株式の譲渡承認手続きや株主名簿の書換え、株券発行会社においては株券の引渡しといった手続きが必要です。

　これらの手続きが適切に行われていなければ、株式譲渡契約が締結されていても、経営権が移転したことが認められない（有効でない）といったトラブルに発展する可能性もあります。買手としては、確実に経営権が移転したことを確認する責任があります。そのためには、最終契約書に「決済時に売手が買手に渡すべき重要物品」を譲渡の成立条件として記載することが一般的です。具体的には以下の内容を重要物品として引き渡すことを要求します。

- ⓐ　対象株式の譲渡承認に関する対象会社の株主総会議事録（写し）
- ⓑ　対象株式の譲渡承認請求書・同承認書（写し）
- ⓒ　対象株式の株主名簿名義書換請求書
- ⓓ　対象会社の株主名簿（写し）
- ⓔ　譲渡対象となる全株式分の株券（株券発行会社の場合）
- ⓕ　退任予定の役員がいれば、その役員の辞任届

---

② 事業譲渡の場合

　事業譲渡スキームでは、特定の事業に限定し、その対象事業を行う上で引き継ぐ必要のある「資産」と「負債」、「営業権（のれん）」を明らかにする必要があります。また、引継対象となる社員との雇用契約をはじめとする様々な「取引契約」を引き継ぐ（契約の再締結を行う）こととなります。

　したがって、契約書には別紙添付等により、以下の内容を明記する必要があります。

ⓐ　譲渡対象資産とそれぞれの資産の譲渡価格

ⓑ　譲渡対象負債（リース債務や社員の退職債務等）

ⓒ　営業権（ⓐ－ⓑ）

ⓓ　事業譲渡により移籍する社員の名簿と退職債務等

ⓔ　引継ぎが必要な契約

ⓔの契約については、賃貸契約やリース契約、雇用契約、細かくはホームページや水道光熱費、通信回線、決済システム、譲渡対象不動産に設置された携帯電話会社の基地局契約等細かなものが様々あります。実務的にはこういった契約の切替えを譲渡契約と同時にすべて終わらせることはできませんので、契約後に順次切り替えていきます。最終契約書では、切替えが完了するまでの間の経費精算の方法も取り決めておく必要があります。

また、事業譲渡に関する株主総会の承認議事録の確認もしておくと良いでしょう。場合によっては株主総会での承認が不要のケースもありますので、この点も弁護士等の専門家に確認してください。

(5)　決済日を設定する場合の相互義務の確認

最終契約を行った日（契約日）から決済を行う日（決済日）を同一にすることもありますが、多くの場合融資の最終確定や退任準備等を行うために一定期間（2週間程度）を設けます。最終契約を行っても決済日に「決済資金」と「経営権」を交換するまではまだ会社は売手のものです。したがって、その間の相互の義務や、解約の条件等を最終契約書の中で明確にしておく必要があります。

◆図表 2-42

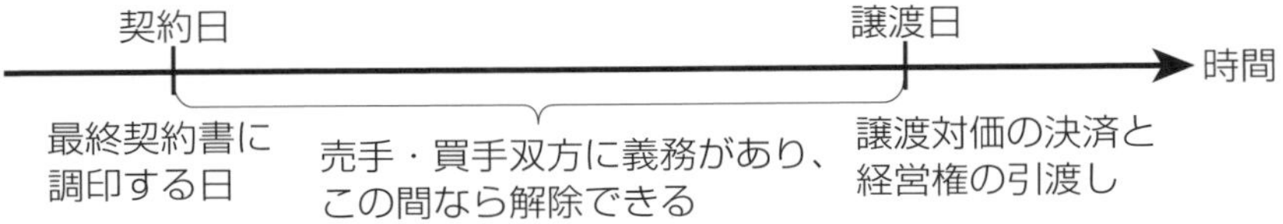

契約日 —— 最終契約書に調印する日

売手・買手双方に義務があり、この間なら解除できる

譲渡日 —— 譲渡対価の決済と経営権の引渡し

時間

⑹　決済資金と重要物品を取り交わす手順

　譲渡対価は１円譲渡のような極端な低額譲渡の場合を除いて、銀行振込で決済されるケースが多いと思います。また、譲渡対価を金融機関からの融資で調達する場合は、融資を受ける金融機関にて最終決済を行うことも多く、その場合次のような段取りになります。

借入れ等により決済資金を準備する

融資を受けた資金を譲渡先口座へ送金

着金を確認して経営権（重要物品）を引き渡す

代表者変更登記や連帯保証債務の設定・抹消手続き

　重要物品には株式譲渡の場合、「株式の譲渡承認議事録」「株券」や経営者の変更がある場合の「退任届」等といった会社の所有権を移転させる資料のほか、会社の実印、印鑑証明カード、銀行印、鍵、法人名義のクレジットカード等々運営していく上で必要となるものから引き継ぐもの、引き継がないものを整理し、引き継ぐものの受渡しを行います。重要物品は事前に目録を準備し、受領書を発行すると受渡しがスムーズです。

　📑 重要物品目録・重要物品受領書の詳細は資料編を確認

⑺　完全合意条項の確認

　最終契約書には必ず完全合意条項が設けられます。条文例は次の通りです。

第○条（完全合意）
　　本契約は、本件株式譲渡その他本契約における対象事項に関する買主及び売主らの最終的かつ完全な合意を構成するものであり、かかる対象事項に関する本契約締結日までの両当事者間の一切の契約、合意、約定その他の約束（書面によると口頭によるとを問わない。また、両当事者間の令和○年○月○日付基本合意を含む）は、本契約に別段の定めのある場合を除き、本契約締結をもって失効する。

　この最終契約書に記載し締結されたM&Aの条件がすべて、ということになります。それ以前の基本合意や口頭で約束したことも一切関係ありません。したがって、最終契約書の内容はよくよく吟味される必要があるのです。

PMIにおいて留意すべきこと

　譲渡側企業とFAや仲介者といった支援者にとっては最終決済がゴールですが、引き継ぐ側にとって最終決済はスタートを意味します。事業の引継ぎや経営統合に取り組む局面をPMI（Post Merger Integration）と呼びます。

　PMIにおける取組みは、「業種・業態」はもちろん「M&Aスキーム」や「譲渡側経営者の進退」「キーマンの進退」「垂直統合か水平統合か」によっても大きく異なってきますが、いざ引き継ぐことになって慌てなくて済むよう、DDを行う段階くらいから引継ぎに関して様々な想定をしながら準備を進めておくことが大切です。

　ここでは、一般的に考えられることにポイントを絞って挙げていきますので、実際にM&Aを実施することが明らかになったときに改めて確認するとともに、個別事情も含みながらPMIの計画を立ててください。

　また、プロセスにおいて生じる様々な問題や課題は決して不要なものではなく、両社が統合していくために必要な資産だという認識に立ち（問題は解決すれば大きな価値に転換する資産）、相互の垣根を超え、場合によっては専門家を巻き込み「タスクチーム」を立ち上げる等して解決

にあたってください。

(1) 前経営者との関係性

「あんな会社に渡さなければよかった」「M&A をしたのは失敗だった」と前経営者が取引先や同業者の社長や社員に触れて回ったら、M&A 後の引継ぎがうまくいくわけがありません。逆に「良い会社に、良い社長に引き継いでもらってよかった。本当に安心できる」「良いご縁に恵まれて M&A は成功だった！」と言ってくれたら、その会社の古い取引先や古参の社員も新たな経営者を真剣に支援してくれるでしょう。

後者のように受け止めてもらうためには前経営者とどのように接したら良いでしょうか。最終局面だけ取り繕うようなことにならないよう、初めてのトップ面談の時から、事業をこれまで切り盛りしてきた経営者であるという点に尊敬の念を持って接することが何より大切です。

また、事業を引き継ぐ決済日等に感謝の気持ちをきちんと形で示すことにも意味があります。前社長に「いつでも遊びに来てください。会社の中の一番良い場所に机と椅子を用意しています」と伝えるといった話を聞いたことがあります。その通りにすればいいということではなく、そういうスタンスがとても大切だということです。

(2) 退職者の業務引継ぎ

第三者承継を機に退職する役員（代表者も含む）や社員がいる場合は、該当者が行っていた仕事を本人に洗いざらい書き出しておいてもらうとその後便利です。その際、単純に仕事を書き出してもらうのではなく、毎日やる仕事、週単位でやる仕事、月単位でやる仕事、年単位でやる仕事といった分類をすると、漏れなく書き出してもらうことができるので、フォーマットをこちらから渡します。

書き出された仕事の中に引継ぎが難しそうな業務があれば、その仕事に関しては手順書を作成します。そのためには、最終契約書を締結してから取り組むのではなく、退職が決まった時点で取り組むと良いでしょう。すでに引継担当者が決まっている場合はその担当者にヒアリングを

させて手順書を作成するのも効果的です。退職してしまうと連絡が取りにくくなることも想定されますので、後で困らないように注意してください。

▌☞ 引継ぎ業務の調査シートは資料編を確認

(3) 従業員との対話

　経営者が変わることで少なからず社員間には動揺が起きていることが想定されます。情報開示の手順の中でも紹介しました（146 ページ参照）が、根も葉もない噂話、特に悪い噂話はまたたく間に広がります。社員の士気に関わりますので、できれば引き継いだ企業の社員全員と、社員が多い場合はキーマンと個人面談を行い、今後のビジョンや取組みを、引き継いだ経営者や経営幹部が直接伝えてください。

　面談時に、これから会社に望むことや改善してほしい問題点を引き出し、対応をしていくことで、より良い会社になっていくことをしっかりと感じてもらえるような取組みにつなげることで求心力を高める機会となります。社員だけでなく、その家族にも安心してもらえるよう、手紙を渡す等引き継いだ社長の個性を活かした工夫をすると良いと思います。

(4) 取引先への挨拶

　取引先には役員の交代等を手紙で出すのが一般的かと思います。事業の内容にもよりますが、案内とは別に、可能な限り前社長と一緒に取引先へ挨拶に行くことをお勧めします。

(5) 会議等の確認・整備（報連相の伝達経路の確認）

　組織には現場の情報を吸い上げるための仕組みや上司の指示を現場に伝える仕組みが必ずあります。朝礼や週1回の営業会議、現場ごとの会議、月例会議等々です。人材の交流も含め、相互の会議に今後誰が参加するのかを決めていきます。

⑹ 人事制度（就業規則・賃金規程等諸規程を含む）の確認

　企業は「人」です。引き継いだ企業の採用、教育、評価、賞罰、退職、再雇用といった人にまつわる取組みを確認し、買手の取組みとの統合を進めていく必要があります。

　事業譲渡に代表されるような買手側に売手の従業員を取り込むスキームでは、移籍した従業員は売手と雇用契約を締結することで売手側の人事制度に取り込まれますが、株式譲渡に代表されるような別法人での運営をする場合は、売手側の人事制度を運用することもできます。とはいえ、譲渡後の人事交流等を考えれば、早期に両社の運用ルールの足並みを揃えていく必要があります。

⑺ 設備投資計画、修繕計画の立案

　M&A後の新たな設備投資や修繕に関しては、ある程度大きなものの計画はDDを実施する前後で既に立案し、資金調達まで終えておくべきですが、例えば会計ソフトのようなシステムの入替え、細かな備品の買替え等PMIにおいて改めて必要になるものも出てきます。補助金や助成金を活用できるものもありますので、バイサイド側の総務・経理を上手に巻き込んで効果的なコスト投下をしてください。

⑻ 財務・会計の確認や経理改善の検討

　財務実績や営業成績をいち早く把握できる環境を作るために、経理部門と打ち合わせを行い、必要な帳票の準備から報告までの月次のルーティンを確認するとともに、必要であれば改善を行います。

　中小・零細企業が譲渡企業の場合、前社長の奥様が経理を担当しており第三者承継を機に退職をするというケースが多く見受けられます。その場合は、経理の仕組み（例えば手書き帳票の電子化や会計ソフトの導入・変更等）を改善したり、バイサイド側に間接部門を吸収したりすることでコスト削減を進めるチャンスにもなります。

　経理フロー図の作成は経理全体の確認ができ、改善点を確認しやすく

なるばかりか、引継時にも役に立つツールになるのでお勧めします。

⑼ ブレーンへの挨拶、情報収集

　引継直後は、取引先やお客様はもちろん、近隣の事業者や住民、金融機関、税理士や必要に応じて相談をしている弁護士や社会保険労務士、コンサルタントがいればそういった方に挨拶回りを行います。士業事務所等はバイサイド側のブレーンに変更することを決めている場合でも、挨拶はきちんとすることをお勧めします。

　長年お付き合いをしてきたブレーンと呼ばれる方々から、引継後に知っておくべき重要な情報（例えば、気づいていなかった改善点や潜在しているリスク）を得ることができる可能性があります。

まとめ

◆図表 2-43

自社の現状認識 → 相手の概念化 → 相手の探索 → 基本合意 → 最終契約 → PMI

　第 2 章では第三者承継の流れや注意点等を確認しました。第三者承継の成功とは、単に譲渡契約の締結を意味しません。買手が事業を引き継いだ後、自社の事業との相乗効果を十二分に発揮し、既存事業と共に引き継いだ事業を成長させ、更なる社会的意義を全うすることこそが、M&A の成功です。

　そのためには、

・正しい M&A の手順や対応を知るとともに
・確かな知識やスキルを持った支援者を選ぶ力を身につけ
・自社や自社を取り巻く社会の課題を確認することで
・自社にとって最適な相手とのご縁を創造すること

が求められます。

　良い相手に出会うためには、どのような相手が理想的かを考え、言葉にしていく必要がありますが、このプロセスは同時に自社の課題を明らかにし、より良い会社にしていくプロセスでもあります。自社が可能性あふれる会社でなければ、当然良いご縁を実現させることはできないからです。

　その実行に、この第 2 章の内容がつながり、未来が変わっていくことのお役に立てれば幸いです。

資 料 編

　第三者承継を進める中では、下記のような資料を作成することとなります。本書では、著者が実際に使用しているものをサンプルとしてご紹介します。

　これらのデータは、日本法令ホームページにてダウンロードすることができます（詳細は巻末をご覧ください）。

1　会社の未来を託す支援者を見極めるための
　　チェックリスト（抜粋版）
2　アドバイザリー契約書
3　セカンドオピニオン契約書
4　出口戦略検討シート
5　ノンネームシートサンプル
6　企業概要書サンプル
7　ロングリストサンプル
8　リーチレターサンプル
9　秘密保持の誓約書
10　トップ面談スケジュール
11　譲受意向表明書
12　株式譲渡基本合意書
13　独占交渉権に関する通知書
14　調印式　式次第
15　株式譲渡契約書
16　DD スケジュールサンプル
17　重要物品目録
18　重要物品受領書
19　引継ぎ業務調査シート

✑ 1　会社の未来を託す支援者を見極めるためのチェックリスト（抜粋版）

会社の未来を託す支援者を見極めるための
支援者チェックリスト（抜粋版）

No.	支援者のチェック項目と注意点
1	依頼者の事業内容をよく知らない段階で候補先がいてもにも関わらず、買手候補のリストや名刺を見せて「良い引継ぎ候補先がいます」と提案をしてくる。 【ここに注意】その支援者は、依頼者の出口を心配しているのではなく、自分の案件を囲い込むために譲渡企業を探しているの可能性があります。
2	第三者承継以外の出口についての検証や提案が全くなくしまう。契約（仲介又はFA）を締結しようとする 【ここに注意】その支援者は、自分の報酬がM&A支援しか考えておらず、親族内承継、社員承継、清算等。依頼者にとっても最も良い出口を検討していない可能性があります。
3	決算書を見ただけで御社であれば○○万円以上の評価額がつきますと金額を言った 【ここに注意】その支援者は、高く売れるとアピールすることで自分の中か中か FA を受注し、案件化させようとするだけで、真剣に金額を検討していない可能性があります。
4	どんな会社にも熱心ですか？「承継するなら絶対に守ってほしい案件はなんですか？」と尋ねずに相手主導して相談がスタートした 【ここに注意】その支援者は、依頼者の「希望の相手」を探すのではなく、「買ってくれる相手」を優先するため、自分の利益を優先している可能性があります。
5	事業の将来や社長のリタイア後のプランを尋ねることなく譲渡条件が決定した 【ここに注意】その支援者は、依頼の将来を軽視しているようなことから、売りやすさを基準に譲渡条件を設定している可能性があります。
6	顧問税理士主または他の専門家がセカンドオピニオンとして関与することに否定的な意見を述べる 【ここに注意】他の専門家が介在すると、支援者の思い通りに進められなくなるため、自分の都合でセカンドオピニオンがはいることを否定している可能性があります。
7	買収監査（DD）で「やらなくても良い」とか「簡単に済ませて良い」という提案をする 【ここに注意】その支援者は、DDで問題点を明らかにすることを恐れている。買手の価値を損ねて、早期にクロージングして早く報酬を得たいと考えている可能性があります。
8	M&Aにまつわる「補助金」や「税制」に全く触れないか、触れても「あまり効果がない」と言って、同効果がないかを説明することなくクロージングを急がせる 【ここに注意】その支援者は、補助金の利益を考えず、早期にクロージングして早く報酬をもらうことを最優先している可能性があります。
9	基本合意書や最終契約書を「形だけのものですし」とか「内容はこちらで見ていますし」といって内容の詳細な説明を省く 【ここに注意】その支援者は、弁護士の詳細な説明を省くことを懸念し、譲渡後にトラブルを招かないことを防ぎたい可能性があります。

✑ 2　アドバイザリー契約書

M&Aアドバイザリー契約書（譲渡希望企業）

●●株式会社（以下「甲1」という。）及び甲1の株主である■■■■（以下「甲2」といい、甲1と併せて「甲ら」という。）と株式会社▲▲（以下「乙」という。）と一般財団法人日本的M&A推進財団（以下「丙」という。）とは、甲らによる企業連携の実行に関し、以下のとおり契約（以下「本契約」という。）を締結する。

第1条（目的）

本契約は、甲1の事業の継続及び発展のための日本的M&Aを実現すべく、丙の会員であるところと甲らとのM&Aアドバイザーとして、相手先企業（以下「対象企業」という。）の探索を行い、甲らによる企業連携（以下「本件連携」という。）の実行を目指すことを目的とする。

第2条（企業連携）

本契約において企業連携とは、次の各号のとおりとする。

(1) 株式又は出資持分の譲渡、株式移転その他の方法による、企業、（医療機関等を含む）の支配権の譲渡

(2) 合併、会社分割、株式交換、株式移転その他の行為による、株式等の移転

(3) 事業の全部又は一部の譲渡

(4) 第三者割当増資による資金の受入れ

第3条（業務委託）

1　甲らは乙に対し、第4条第1項各号の本件連携に係るアドバイザリー業務（以下「本件業務」という。）を委託し、乙はこれを受託する。

2　甲ら、乙及び丙は、甲らがその責任において乙に前項の本件業務を行ったものであることを確認する。

3　本契約期間中、甲らは、本契約に基づく場合又は乙との別途の合意による場合のほか、本件業務又は本件業務に関する業務を乙以外の第三者に依頼しないものとする。

第4条（本件業務の範囲）

1　本契約において甲らが乙に委託する各業務は以下各号に掲げる各業務とする。

(1) 本件連携に必要な甲1の株主等候補の収集及び作成

(2) 本件連携の対象企業の探索

(3) 対象企業に対する情報提供

(4) 本件連携の実務上の助言

1

（右頁・3）

しなかった場合であっても、乙は成功報酬及び手続費用を返還しないものとする。

第7条（諸経費及び預り金）

1　本件業務の遂行に関連して生じた諸経費（交通費、宿泊代その他の旅費、甲らの承認を得て乙が起用する弁護士、税理士その他の助言者等に対する手数料及び報酬、その他の経費を含む。以下「諸経費」という。）は、甲らの負担とする。

2　諸経費は、乙が甲らに対して請求書を提示し、甲らがこれを乙に対して支払うものとする。

3　当該精算金は前条の費用に含まれず、別途精算されるものとする。（但し、諸経費を下限とする。）乙は、その判断により、当該預り金に充当することができる。残金がある場合は乙はこれを甲らに返還する。

4　乙は、預り金相当額への充当の必要等により不足するときは、甲らの合意により定める金額の金額の預り金を再度請求したときは、以後同様とする。

5　甲らが前2項に基づく預り金の支払いを遅滞し、乙は本件業務に着手せず、又はその遂行を中止することができる。

6　乙は、預り金を別段の預金口座にて管理し、甲らより求められたときは速やかに、利用状況及び残高を甲らに報告するものとする。

第8条（直接交渉の禁止等）

1　甲らは、乙の事前の書面による承認を得ることなく、企業提携の推進を目的として、乙が探索し、又はこれによる本件業務の遂行により知り得た相手方若しくはその関係者と、直接、接触し、又は交渉してはならない。

2　本契約の期間中又は本契約終了後2年以内に、乙の探索し、又はこれによる本件業務の遂行に関連して乙が知り得た相手方との間で企業提携に関する契約を締結した場合、甲らは乙に対し、本第6条に定める成功報酬額と同額の金員を支払うものとする。

第9条（秘密保持）

1　いずれの当事者（以下「受領当事者」という。）も、相手方当事者（以下「開示当事者」という。）から開示される一切の資料（以下「秘密情報等」）を本契約の目的のみに使用するものとし、本契約の目的（乙が対象企業を探索し、又はその他乙が本件業務の遂行に必要な範囲で、受領当事者の役員及び従業員並びに受領当事者が依頼する弁護士、公認会計士、税理士その他の専門家に対して本件業務遂行に関する事前の書面による承諾を得ることなく、第三者に開示してはならない。但し、本条の規定以下の情報をこの資料には適用しない。

（左頁・2）

（5）本件提携に必要又は有益な企画書の起案

（6）本件提携の交渉に関する助言及び交渉への立会い

（7）その他甲らに対する本件提携に係る交渉その他の条件に関する交渉行為が一切含まれないことを、相互に確認する。

2　甲ら、乙及び対象会社は、本件業務には、対象企業との企業提携に係る条件その他の交渉行為が一切含まれないことを、相互に確認する。

第5条（情報提供）

1　甲らは、乙の求めに応じて、本件業務を遂行するために必要な情報を乙に提供する。

2　甲らは、前項に基づき乙に提供した情報等及び一般に公開された情報を、乙が本件業務の遂行において使用することに同意するものとする。

3　第1項に基づき乙に提供された情報に、誤り、仮装、隠蔽等があったことにより、乙に損害（対象企業その他の地第三者との関係において被った一切の損害を含む。）を被った場合、甲らは乙に対し、当該損害を賠償する責を負うものとする。

第6条（報酬等）

1　本件業務の乙の成功報酬額は以下のとおりとする。

譲渡対象の額	成功報酬（別途消費税）
譲渡対価の額※	
1億円以下の部分	○○万円
1億円超10億円以下の部分	○％
10億円超の部分	○％

※　譲渡対価の額には、本件提携に際して、企業が使用して、企業が使用する甲ら所有の不動産が譲渡される場合の不動産の譲渡価額を含む。投与により支払われる退職金の額とする。実質的な対価に係る金額、実質的な対価と認められる額を含む。渡対価であると乙が合理的に認める金額を含む。

2　甲らは乙に対し、以下の各号に該当する場合には、それぞれに定める手続費用を、前条の成功報酬額とは別に乙に負担するものとする。

（1）甲ら、子会社、関係会社、又は事業所を有する場合で、それらの数、所在地の遠隔性その他の事情を勘案し、甲らと乙が協議の上定めた相当額

（2）本件提携に係る取引形態が、第2条第2号ないし第4号に定める方法を含む場合、当該各手続の増加性、規模、この本件業務処理を勘案し、甲らと乙が協議の上定めた相当額（但し、○○万円（消費税別）を下限とする。）

3　甲らは、本件提携に関する乙との契約の締結日から○日以内に、前2項の成功報酬額及び手続費用の合計額を甲ら、乙及び内が合意するものとする。送金手数料は甲乙が折半して負担するものとする。

4　甲らが、本件提携に関する乙との契約が締結され、当該契約が完了

第11条（免責）

甲らは、乙に対し、甲らが自己の最終的な判断及びリスク負担に基づいて、対象企業の選定及び本件提携を行うこと並びにこれに乙が本件提携に関して一切の責任を負わないことを確認する。

第12条（独立性）

甲ら、乙及び丙は、乙が甲らの委託に基づいて本件業務を自らの責任において遂行するものであり、丙が乙による本件業務の遂行及び甲らと対象企業との企業提携に関して利害関係を有しないことを相互に確認する。

第13条（準拠法及び管轄裁判所）

1 本契約の準拠法は日本法とし、日本法により解釈されるものとする。

2 本契約の履行及び解釈に関連する紛争については、甲1の本店所在地を管轄する地方裁判所を第一審の専属管轄裁判所とするものとする。

第14条（規定外事項）

本契約に規定のない事項及び本契約の条項に関して疑義が生じたときは、各事者は信義誠実の原則にのっとり、本書4通を作成し、甲ら乙丙各自記名押印の上、甲ら乙丙各1通保有する。

5

---

(1) 開示当事者から公開された時点で、既に公知となっているもの

(2) 開示当事者から開示された後に、受領当事者の責に帰すべき事由によることなく公知となったもの

(3) 受領当事者が開示された時点で、受領当事者が既に保有していたもの

(4) 当該情報について制限を受けることなく開示する権限を有する者から受領当事者が開示されたもの

(5) 開示当事者から受領した情報によることなく受領当事者が独立して開発したもの

2 受領当事者は、いずれも、（1）財産権を有する裁判所若しくは権限を有する政府機関の効力を有する命令等によって法律上開示する必要がある場合、又は（2）他の金融商品取引所若しくは日本証券業協会等の規則の規則による受領当事者への要請その他の理由により第三者が公認された場合には、受領当事者のために必要な範囲でその限度で、秘密情報等を開示することができる。

3 受領当事者は、受領当事者の役員及び従業員並びに受領当事者が依頼した弁護士、公認会計士、税理士その他の専門家に対して秘密情報等を開示した場合、受領当事者は、かかる第三者に定める受領当事者の義務と同等の義務を遵守させなければならない。受領当事者は、本条に定める受領当事者の義務に関わる事由により本条に違反した場合には、受領当事者が自ら本条に違反したものとみなす。

4 開示当事者から受領当事者に対して提供した情報及び資料（その写しを含む。）の返還を求めた場合、受領当事者は速やかに当該情報及び資料（その写しを含む。）を返還するものとし、これらに基づいて作成された複製物の上に書き込み等がなされたものを含む。ついては、開示当事者の同意を得て廃棄する、または性質上返却及び破棄になじまない情報及び資料については、開示当事者の同意を得て廃棄その他の方法で再利用できないようにするものとする。但し、受領当事者の内部管理上の目的のための記録及び資料を保存する場合にはこの限りではない。

5 本条に規定する秘密保持義務については、本契約終了後も2年間有効とする。

第10条（契約期間）

1 本契約の有効期間は、本契約締結日から○年間とする。但し、当該期間満了前に本件提携に関する契約が締結されたとき又は本契約の締結満了の日において本件提携先との交渉が継続している場合、本契約は適宜延長されるものとする。

2 各当事者は、相手方当事者に対して30日以上前に書面により通知することにより、いつでも本契約を終了させることができるものとする。

3 本契約終了後も、第5条第3項、第7条第4項、第8条第2項、第9条、第11条本文及び第13条の規定は、本契約終了後もその効力を失わないものとする。

4

M&Aセカンドオピニオン契約書

令和○年○月○日

(甲1)

(甲2)

(乙)

(丙)

6

3 セカンドオピニオン契約書

委託者●● (以下「甲」という。) と受託者●● (以下「乙」という。) とは、以下のとおり、M&Aセカンドオピニオンに係る業務委託契約 (以下「本契約」という。) を締結する。

第1条 (目的)
甲は、乙に対し、甲と●● との間で締結された令和●年●月●日付け M&A (株式譲渡又は事業譲渡等) 仲介又は業務委託契約 (以下「M&A仲介契約等」という。) に基づく M&Aの遂行に関し、第2条第1項各号に定める各事項について、甲が助言を求めたときに、当該事項について助言を行う業務 (以下「本件業務」という。) を委託し、乙はこれを受託する。

第2条 (本件業務の範囲等)
1 乙は、本契約に基づき、次の各号に掲げる事項について助言を行う。
(1) M&A仲介契約等の遂行手続に関する実務上の事項
(2) M&A仲介契約等の遂行に必要な書面の内容に関する事項
(3) M&A仲介契約等の遂行の交渉及び立会いに関する事項
(4) その他前各号に付随する事項
2 甲と乙は、乙が次の各号に関する事項は一切行わないことを相互に確認する。
(1) M&A仲介契約等に関する対象企業と本件等についての交渉をすること
(2) M&A仲介契約等に関する法律事務を取り扱い、又は周旋をすること
3 甲と乙は、前項にかかわらず、本件業務を委託することについて、M&A仲介契約等の相手方である●● の事前承諾を得ていることを確認する。
4 乙は、本件業務の遂行に当たり、善良な管理者の注意をもって、本件業務を遂行する義務を負う。

第3条 (情報提供)
1 甲は、本件業務を遂行するために必要な情報等を乙に提供する。
2 甲と乙は、乙が、甲から提供された情報のみをもって本件業務を遂行すれば足り、甲から提供されていない情報は考慮する必要がないことを相互に確認する。

第4条 (秘密保持)
1 いずれの当事者 (以下「受領当事者」という。) も、相手方当事者 (以下「開示当事者」という。) より入手したあらゆる情報及び資料 (以下「秘密情報」という。) を本契約の目的のみに使用するものとし、本契約の目的のために必要な範囲内で、受領当事者の取締役、監査役、役員、従業員、弁護士、公認会計士、税理士その他の専門家に対して開示する場合を除き、開示当事者の事前の書面による承諾を得ることなく、第三者に開示してはならない。但し、本条の規定は以下の各号の情報類及び資料には適用しない。
(1) 開示当事者から開示された時点で、既に公知となっているもの

1

第6条　（契約期間）

1　本契約の有効期間は、本契約締結日から1年間とする。但し、当該期間満了前にM&A仲介契約等が終了したときは、本契約も終了するものとする。

第5条　（業務委託料とその支払い方法）

1　本件業務委託料は、月額●円（税抜）とする。

2　甲は、翌月分を毎月末までに乙の指定する銀行口座に振り込み支払うものとする。振込手数料は甲の負担とする。

3　本件業務の遂行のため、必要な旅費交通費、通信費等の実費については、甲の負担とする。甲は、乙からの請求に基づき、翌月の月末までに関係費用を支払うものとする。

4　1か月の乙の想定業務時間は、●●時間とし、乙の業務時間が当該想定業務時間を超過した場合は、本条第1項の月額業務委託料を、超過時間分の業務委託料として1時間当たり●万円（税抜）を追加するものとする。

4　受領当事者が開示当事者に対して開示した情報及び資料（そのコピーを含む）、受領当事者が開示当事者に提供情報及び資料（そのコピーを含む）、並びにこれらに基づいて作成した情報及び資料（開示当事者及び受領当事者のそれらの複製物を含む）に書き込みのなされたものを含む）については、開示当事者の同意を得て消去その他の方法で再利用できないようにするものとする。但し、受領当事者の内部管理上の目的のため、情報及び資料を保存する場合はこの限りではない。

5　本条に規定する秘密保持義務については、本契約終了後も2年間有効とする。

3　受領当事者が、受領当事者の取締役、役員、従業員、公認会計士、税理士その他の専門家を含む第三者に秘密情報を開示する場合、受領当事者は、かかる第三者に本条に定める受領当事者の義務を遵守させなければならない。受領当事者は、本条に定める受領当事者の義務に違反した第三者の義務の違反に連帯してその責めを負うものとみなす。

2　受領当事者はいずれも、①資料織を有する者に①は権限を有する政府機関若しくは日本証券業協会の要請若しくは、法律上開示する必要がある場合、②金融商品取引所の規則による場合、又は受領当事者の監査のために必要な場合には、秘密情報を開示することができる。

(5)　開示当事者から開示された情報によらずに受領当事者が独自に開発・創造したもの

(4)　当該情報について制限を受けることなく開示する権限を有する第三者から受領当事者に対して開示されたもの

(3)　開示当事者から開示された時点で、受領当事者が既に保有していたもの

(2)　開示当事者から開示された後に、受領当事者の責に帰すべき事由によることなく公知となったもの

2

甲と乙は、相手方に通知することにより、いつでも本契約を終了させることができるものとする。

第5条、第8条、第10条の規定は、本契約終了後もその効力を失わないものとする。

第7条　（M&Aについての最終的な判断等）

甲と乙は、甲が自己の最終的な判断及びそのリスク負担により、M&A仲介契約等に基づくM&Aを遂行する等のことを相互に確認する。

第8条　（譲渡の禁止）

甲及び乙は、事前の書面による相手方の承諾がない限り、本契約上の全部または一部を第三者に譲渡してはならないものとする。

第9条　（準拠法及び管轄裁判所）

本契約は日本法を準拠法とし、日本法に従って解釈されるものとする。本契約の履行及び解釈に関し当事者間に疑義が生じたときは、各当事者は、乙の住所地を管轄する地方裁判所を第一審の専属的合意管轄裁判所とする。

第10条　（規定外事項）

本契約に規定のない事項及び本契約の未来に関して疑義が生じたとき、または本契約の解釈に関し疑義が生じたときは、信義誠実の原則にのっとり、誠意をもって協議し、解決するものとする。

本契約の成立を証するため、本契約書2通を作成し、各自記名捺印の上甲乙各1通を保有する。

令和○年○月○日

甲：（住所）

（商号）

（代表取締役）　　印

乙：（住所）

（氏名）　　印

3

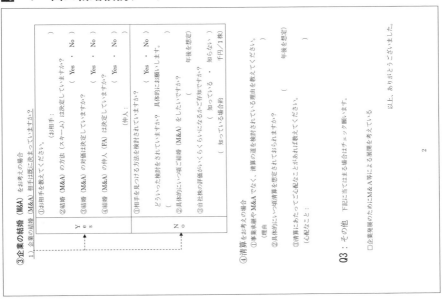

③企業の結婚（M&A）をお考えの場合

1）企業の結婚（M&A）相手は既に決まっていますか？

Yes
①お相手を教えてください。（お相手：　　　　）
②結婚（M&A）の方法（スキーム）は決定していますか？（ Yes ・ No ）
③結婚（M&A）の対価は決定していますか？（ Yes ・ No ）
④結婚（M&A）の仲人（FA）は決定していますか？（ Yes ・ No ）

No
①相手を見つける方法を検討されていますか？（ Yes ・ No ）（仲人：　　　　）
どういった検討をされていますか？具体的にお願いします。
②具体的にいつ頃ご結婚（M&A）をしたいですか？（　　）年後を想定
③自社株の評価がいくらくらいになるかご存知ですか？（ 知っている ・ 知らない ）
（知っている場合約　　千円/1株）

④清算をお考えの場合
①事業承継やM&Aでなく、清算の道を検討されている理由を教えてください。
（理由：　　　　）
②具体的にいつ頃清算を想定されておられますか？（　　）年後を想定
③清算にあたってご配慮となることがあれば教えてください。
（心配なこと：　　　　）

Q3：その他　下記に当てはまる場合はチェック願います。
□企業発展のためにM&A・人事による展開を考えている

以上、ありがとうございました。

2

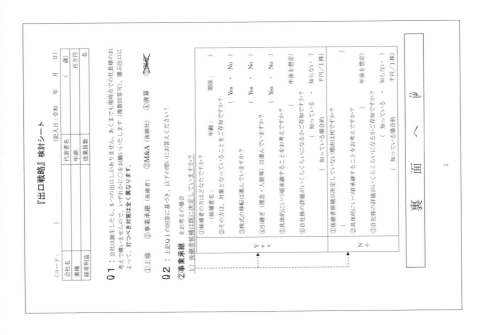

『出口戦略』検討シート
（記入日：令和　　年　　月　　日）

（コード：　　　　）

会社名	
業種	代表者名
	年齢（　　歳）
経常利益（　百万円）	従業員数（　名）

Q1：会社が誕生したら、5つの出口しかありません。あくまでも現時点での社長様のお考えで構いませんので、いずれかにこのを○をお願いいたします（複数回答可）。選ぶ出口によって、打つべき対策は全く異なります。

①上場　②事業承継（後継者）　③M&A（後継社）　④清算　⑤廃業

Q2：上記Q1の回答に基づき、以下の問いにお答えください！

②事業承継をお考えの場合
1）後継者候補は既に決定していますか？

Yes
①（後継者名：　　　　）年齢：　　関係：　　
②その方法、対象となっていることをご存知ですか？（ Yes ・ No ）
③株式の移転は進んでいますか？
④引継ぎ（理念・人脈等）は進んでいますか？（ Yes ・ No ）
⑤具体的にいつ頃承継することをお考えですか？（　　）年後を想定
⑥自社株の評価がいくらくらいになることをご存知ですか？（ 知っている ・ 知らない ）
（知っている場合約　　千円/1株）

No
①後継者候補が決定していない理由は何ですか？（　　　　）
②具体的にいつ頃承継することをご存知ですか？（　　）年後を想定
③自社株の評価がいくらくらいになることをご存知ですか？（ 知っている ・ 知らない ）
（知っている場合約　　千円/1株）

裏　面　へ

1

一般財団法人日本的 M&A 推進財団

ノンネームシート（譲渡企業用）

貴社に限り

情報 No	J1900319		
業種	食品加工業	業態	雑穀加工を主とした海産物の製造及び販売
所在地	九州北部	譲渡スキーム	100％株式譲渡（株主1名）
決算情報	決 算 月：6 月 売 上 高：約5,000 万円（複数期最終年度実績） 営業利益：約250 万円 純 資 産：5,500 万円（内現預金 2,700 万円） ※平成 30 年 6 月期をもって稼業を停止し、現在に至っているため、現時点での売上等の実績はありません。		
会社概要	役員数 ： 2 名 従業員数 ： 0 名 保有資格 ： 雑穀製造機等の特殊設備があり、機械の劣化を防ぐために現在も定期的に運転は行っています。 その他 ：		
売却希望金額	1,000 万円（役員退職金含む） 役員借入（約 300 万円）は別途返済を希望します		
譲渡理由	後継者不在		
備考	・100 年を超える企業の看板が取得可能（多くの貴き受賞） ・日本屈指の加工技術を継承できます ・平成 30 年 6 月をもって稼業を停止していたため、社員の雇用やお客様への告知等を再度行う必要があります。ただし、操業停止時に多くのお方から惜しむ声をいただいており、復活を望む声は今でも一定数いただいております。		

詳細情報開示：ネームクリアの上、秘密保持契約書締結後に開示 　　（不許複製・禁無断転載）

📝 6 　企業概要書サンプル

株式会社○○　御中

企業概要書　　○○業

年　月　日

一般財団法人日本的 M&A 推進財団

はじめに

● 本書は、貴社が譲受をご検討いただく資料としてのみ利用されることを目的に作成したものであり、当財団の事前の同意なしに他の目的に使用すること、または第三者に公表することはできません。また、目的外使用から生じた如何なる事項に関しても、当財団は一切の責任を負いません。

● 本書は、当財団がクライアントより提供された資料に基づいて作成しております。当財団は提供を受けた資料の真実性、正確性、妥当性について保証するものではありません。当財団が本件の意思決定するために必要なすべての情報を網羅しているものではありません。また、本資料中、将来予測及び見込み等が含まれる場合については、その実現可能性について当財団は何ら責任を負うものではありません。

● 本書には、重要な内部情報が含まれておりますので、取扱いには充分ご留意いただきますようお願い申し上げます。

● 本件取引が実現しないことが確定した場合、又は本契約が終了した場合には、当財団より開示された秘密情報が含まれている書類・電子データ・複写物その他すべての媒体を、速やかに返還又は廃棄願います。

目次

・会社概要 …………………… p●
・事業概要 …………………… p●
・業界情報 …………………… p●
・代表者プロフィール ………… p●
・沿革 ………………………… p●
・株主の状況 ………………… p●
・従業員の状況 ……………… p●
・組織体制 …………………… p●
・許認可・届出一覧 ………… p●
・事業内容 …………………… p●

・主要取引先別売上高 ……………… p●
・主要仕入先別仕入高 ……………… p●
・所在地 ……………………………… p●
・会社保有不動産の状況 ………… p●
・賃貸不動産の状況 ……………… p●
・借入金内訳 ……………………… p●
・リース内訳 ……………………… p●
・決算情報 ………………………… p●
・SWOT 分析 ……………………… p●
・希望条件 ………………………… p●
・閲覧者名簿 ……………………… p●

✍ 7　ロングリストサンプル

	候補先名	所在地	業種	特徴（提案理由・シナジー）	連絡先	対応者	提案可否（譲渡企業に確認）	提案結果	詳細
1	●●鉄道株式会社	●●市●●区 ●●●丁目●番●号	運送事業、通関業、不動産の売買および賃貸業、ホテル事業、その他	●駅周辺の飲食業展開を提案。また、ホテル事業や娯楽施設を拡大しているためシナジーが想定できる。福利厚生をもしっかりしており、介護や子育て支援もあるので社員の引き継ぎぎも安心だと思える。	●●●-●●●-●●●●				
2	●●ターミナル㈱	●●市●●区 ●●●丁目●番●号	交通産業、ホテル事業、貿易業、広告宣伝業	●駅周辺に集中して店舗を持っており、エリア的なシナジーが見込める。					
3	株式会社●●●●	●●市●●区 ●●●丁目●番●号	百貨店業	●にて3店舗を運営している。調味料の仕入先も重なっていることが想定され、シナジーも見込める。					
4	株式会社●●●●	●●市●●区 ●●●丁目●番●号	スーパーマーケット	●にて●●●●●●店を営んでいる。地元に根付いたスーパーマーケット、食品の仕入れ先ともなって いるので垂直統合のシナジーが見込める。					
5	●●株式会社	●●市●●区 ●●●丁目●番●号	トラベル事業、クレジットカード事業、証券事業、保険事業、通信事業、スポーツ事業、エネルギー事業	競合相手となる●●や●●との差別化を実現できることが強みとなる。トラベル事業と地域密着のグルメ事業の組み合わせによる展開で飛行音を取り込むことも可能ではないか。					
6	●●●●株式会社	●●市●●区 ●●●丁目●番●号	電子決済サービスの開発・提供	他社とシェア争いをしている決済システムの導入競争を有利に進められる可能性が出てくる。アンテナショップとしても活用できるのではないかと考える。					
7	●●●株式会社	●●市●●区 ●●●丁目●番●号	各事業会社の統括管理　子会社は調味料の製造・販売会社等を中心とした事業を展開している	グループ会社にある食品会社、飲料事業会社、酒類の輸入・販売事業、食肉事業会社や和食居酒屋との親和性が高いので、垂直統合の可能性を提案する。	●●本社：●●●●●●　●●本社：●●●●●●				
8	●●株式会社	●●市●●区 ●●●丁目●番●号	食品加工・販売、海外食品の輸入・加工・販売、ヘルスケア事業	外食産業への業務用途を行っており、和食居酒屋に必要不可欠な原材料を取り扱っている。ハラールへの取り組みも行っており、将来性は高い。	●●●-●●●-●●●●				
9	●●ホールディングス株式会社	●●市●●区 ●●●丁目●番●号	グループの経営戦略策定及び経営管理	和食居酒屋に欠かせない国内ビール・発泡酒チューハイや国内飲料事業を行っており、サーバーの無償貸与等でシェア争いに参入しようとしているので、リアル店舗を持つことの価値を提案する。	●●●-●●●-●●●●				
10	●●●●株式会社	●●市●●区 ●●●丁目●番●号	家庭用・業務用の調味料製造販売。大豆関連食品の製造販売、発酵製品及びそれに関する機器等の販売等	和食居酒屋に欠かせない味噌や出汁等の卸・小売を行っている。グループ会社には調味料販売会社や推進所などもあり、それらの活用のためにリアル店舗を販売する事業への進出の可能性を確認・提案する。	●●●-●●●-●●●●				

1

採用先名	所在地	業種	特徴（提案理由・シナジー）	連絡先	対応者	提案可否（面談企業に確認）	提案結果	詳細
11 ●●●●株式会社	●●市●●区 ●丁目●●号	油脂・油糧および加工食品事業、加工油脂事業、等	油は飲食業にとって欠かせないものであり、和食という他のジャンルに比べ体に良い食事に油を使い健康をうたい、健康と食品から、そういった飲食品の開発を提案する。	●●●-●●●●-●●●●				
12 ●●●●株式会社	●●市●●区 ●丁目●●号	調味料事業、タマゴ事業、サラダ・惣菜事業、加工食品事業、ファインケミカル事業、物流システム事業	サラダに欠かせないドレッシングやマヨネーズ、卵など豆を欠かせない、関連会社が卵やジャガイモを原料とした惣菜、業務用向けサラダ野菜の製造などを行っており大きなシナジーを想定できる。	●●●-●●●●-●●●●				
13 株式会社●●●●	●●市●●区 ●丁目●●号	グループ全体の経営戦略、戦略策定、研究開発	和食に欠かせない食品や・いつおつゆ、鍋つゆなどの製造販売を行っている。リアル店舗への関心がある確認する。	●●●-●●●●-●●●●				
14 ●●食品株式会社	●●市●●区 ●丁目●●号	ガーリック等香辛料とチューブ入り香辛料等の香辛調味料、レトルト食品、チルド食品、生ハーブ及びハーブ関連食品の製造販売	ハーブやスパイスを使った、これからの日本食の可能性を考える。若干異業種ではあるが、弱めのシナジーは十分想定可能。	●●●-●●●●-●●●●				
15 ●●●株式会社	●●市●●区 ●丁目●●号	定期通航運送事業、不定期運航運送事業、航空機仕様事業、その他付帯業務	空港や駅に店舗を展開し、ご当地の食材を活かした土産品の販売を行う。その業績を活かし、それらを業務に提供するリアル店舗の開発を提案する。	●●●-●●●●-●●●●				
16 ●●株式会社	●●市●●区 ●丁目●●号	定期航空運送事業及び不定期航空運送事業、航空機使用事業、その他利用する又は附帯する事業	空港に発着する航空会社を保有している。ご当地グルメを提供する店の展開を特徴として提案することでこういったシナジーを生んでいくのではないか。	●●●-●●●●-●●●●				
17 ●●株式会社	●●市●●区 ●丁目●●号	酒類事業、食品飲料事業、不動産事業、その他のグループ事業	酒類、食品飲料、不動産の分野において、個性ががやくブランドを育成・強化している。酒類、食品飲料においては、国内のみならず海外でも事業展開をしている。	●●●-●●●●-●●●●				
18 ●●株式会社	●●市●●区 ●丁目●●号	ビール類製造販売、清涼飲料販売、リゾートホテル事業	地域に圧倒的なシェアを誇る食品メーカー。●地区での展開を視野に入れた展開が可能。	●●●-●●●●-●●●●				
19 ●●株式会社	●●市●●区 ●丁目●●号	持ち株会社、酒類、調味料、その他食料および食品添加物の製造・販売 他	当社の強みにもある日本酒や、焼酎、チューハイ、梅酒・リキュール、紹興酒、洋酒、果実酒や調味料が主力製品である。	●●●-●●●●-●●●●				
20 ●●●●株式会社	●●市●●区 ●丁目●●号	清涼飲料水の製造、加工および販売	ソフトドリンクはもちろん、近年数ある1モンサワーブランドを確立している。日本の食文化の展開に力を入れている点の親和性が高いと考える。●●に協賛している点も好感が持てる。	●●●-●●●●-●●●●				

2

📝 8 リーチレターサンプル

一般財団法人 日本的M&A推進財団　JMAP

貴社限り

当社の「第三者承継戦略」について

■当社の概要

社名	株式会社○○○○
所在地	○○県
資本金	3,000万円
業種	包装資材全般・紙器印刷加工業
創業	昭和23年9月14日
設立	昭和3年
社員数	127名
代表者	山田太郎
業績	年商：1,220百万円　営業利益：20百万円　自己資本比率：32.1%

■当社が第三者承継に取り組む理由

当社が所属する包装資材業界はこれまで日本の産業基盤を支えてきた歴史のある業態です。しかし、昨今、その商流はメーカー・ユーザーとダイレクトに結びつける機会を作り変えられ、これまで生活を支えた多くの問題を不在とする課題が追い打ちをかけ、廃業による価値創造です。

込み込まれている企業が少しずつ増え始めているのです。そのような同業者が廃業すれば、社員は職を失い、取引先も事業継続に黄色信号が灯ります。その問題解決の具体的施策として当社が第三者承継による企業結合による価値創造です。

当業界の同様な問題は川上流通の一端を担っていくのではなく、多くの場合中間加工や部品製造を行ってきた特徴があるため、そういった技術力や製品力を活かすことで、力を結集すれば、既存のお客様はもちろん、新たなお客様に更なる価値を提供することは十分に可能です。企業同士の「結婚」が実現することで、お互いの長所を伸展させ、短所を克服するとで、更なる社会貢献を実現する、そういった第三者承継に取り組んでいくことは当社の大きな戦略としても考えております。

■将来の展望

過去に実施した第三者承継により、これまで参入を考えたこともなかった業界に参入し、全く新たな企業との繋がりをいただいたことで、当社の強みを活かした新たな商品を生み出すことに成功した実績があります。

この経験も踏まえ、当社が第三者承継により実現したいことは、①市場シェアを拡大し注力を図りたいとビジネス企画力を活かした付加価値を最大化できるような人材、技術、技術、設備を確保する、②組織規模拡大により知名度を高め、業界に新たな可能性を示す、③仕入れ人、お客様に一貫したサービスを提供できる同業他社とグループ化を図る、④仕入れ人、規模の拡大と内製化（メーカー化）による価格競争力を提供し、デザインや企画力で勝負できる包装資材のメーカーを目指して参ります。お客様な包装資材の内製化（メーカー化）による価格競争力を高めながら、ぜひ御社と一緒にこのビジョンを実現させてください。

（不許複製・禁無断転載）

秘密保持に関する誓約書

●●●●株式会社（以下「当社」という。）は、一般財団法人日本的M&A推進財団（以下「情報開示者」という。）が保有する、案件登録番号●●●●の企業（以下「対象企業」という。）に係る売買、事業・資産等の譲渡、合併、会社分割その他の企業提携等の取引（以下「本件取引」という。）について検討する目的（以下「本件目的」という。）で開示された情報等の秘密保持に関し、以下の各事項を遵守することを情報開示者及び対象企業に対し、誓約する。

第1条（秘密情報）

本契約の対象とする秘密情報（以下「秘密情報」という。）は、本件取引に関し、情報開示者から開示された一切の情報（書面、口頭の地域を問わない。）とし、本件目的の検討に当たって含むものとする。ただし、以下の各号に該当する情報は含まれないものとする。

(1) 開示された時点で、既に、公知になっていたか又は当社が保有していた情報
(2) 開示された後に、当社の責めに帰すべき事由によらず公知となった情報
(3) 正当な権限を有する第三者から適法に取得した情報
(4) 相手方から開示された情報によらさる独自に開発、取得していた情報

第2条（秘密保持）

1　当社は、秘密情報を本件目的以外の目的で使用せず、かつ、情報開示者の事前の書面による承諾なき限り、いかなる第三者にも開示又は漏えいしないものとする。

2　前項にかかわらず、次の各号に該当する場合、秘密情報を開示することができるものとする。

(1) 当社の役員、従業員及び株主並びに本件目的のために契約した弁護士、税理士、公認会計士及びファイナンシャルアドバイザーその他の秘密保持義務を負う専門家に対し、本件目的に必要な範囲内で開示する場合
(2) 司法機関、行政機関その他これに準じる公的機関又は金融商品取引所、日本証券業協会等の自主規制機関の求めに応じて必要な範囲で開示する場合

3　当社は、前項に基づいて秘密情報を第三者に開示する場合、当該第三者に第2条の秘密保持義務（本誓約と同等の義務）の遵守について責任を負うものとする。

第3条（情報の返還・廃棄）

当社又は対象企業が本件取引を行わないことが決定した場合、又は情報開示者から請求があった場合、秘密情報が含まれている書類・電子データその他の媒体を、情報開示者の指示に従い、速やかに返還又は廃棄する。廃棄するときは、適切な方法により当社の責任をもって実行し、その完了を書面で情報開示者に報告する。

第4条（直接の接触・交渉の禁止）

1　当社は、情報開示者の事前の承諾を得ることなく、本件取引に関し、対象企業の役員、従業員、株主、債権者、取引先及びその他の関係者に対し、連絡、照会その他の接触及び一切の接触を行わないものとする。

2　秘密情報開示後、本件取引についての交渉を行うときは、当社は、情報開示者又は情報開示者に登録された会員との間で、M&A仲介契約又はM&Aアドバイザリー契約を締結しなければならない。

3　当社が前項の各契約締結のいずれも締結せずに対象企業又はその関係者と直接接触により被った損害及び当社に請求できるものとする。この場合の損害額は、交渉した場合に得られる成功報酬相当額とみなす。当社と情報開示者との間でM&A仲介契約をした場合の情報開示者に対し、誓約する。

第5条（損害賠償）

当社は、本誓約の各条項に違反し、情報開示者又は対象企業に損害を与えた場合、その損害を賠償する責任を負う。

第6条（有効期間）

本誓約の有効期間は、本書の日付から2年間とする。ただし、当社は、有効期間経過後においても、有効期間内に開示された秘密情報については、第三者に対する漏洩又は当社若しくは第三者による本件目的外の使用が行われないよう善良なる管理者の注意をもって管理するものとする。

第7条（反社会的勢力の排除）

当社は、当社の株主、役員及び従業員が、暴力団、暴力団員、暴力団関係企業、総会屋、社会運動等標ぼうゴロ、特殊知能暴力集団その他これらに準ずる者に該当せず、一切関係がないことを表明し、保証する。

第8条（準拠法及び裁判）

本誓約の準拠法を日本法とし、日本法に従って解釈されるものとする。また、本誓約に基づく権利義務は、この誓約から生じる紛争又は本件に関する住所地を管轄する地方裁判所を第一審の専属的合意管轄裁判所とする。

令和○年○月○日

住　所

企業名

代表者

株式会社○○　＆　株式会社△△
トップ面談　スケジュール

日　時：令和　年　月　日（曜日）○○:○○～○○:○○
場　所：株式会社○○　応接室
　　　　○○県○○市○○1-2-3

式　次　第

○○:○○～○○:○○　　まる場所　まる
○○:○○～○○:○○　　ご挨拶・自己紹介他
○○:○○～○○:○○　　工場内見学
○○:○○　　　　　　　トップ面談（資料を基に）
○○:○○　　　　　　　解散

【 ご挨拶、自己紹介 】
1. はじめに
・はじめに：一般社団法人日本的M&A推進財団

2. ご挨拶、自己紹介
・ご挨拶　：株式会社○○　代表取締役　○○　○○　様
（自己紹介）（会社概況、本件検討に至った経緯等）
・ご挨拶　：株式会社△△　代表取締役　△△　△△　様
（自己紹介）（会社概況、本件検討に至った経緯等）

【 工場見学 】
・工場内及び設備の見学

【 資料を基に 】
・発注ビジョン、マーケット現状、従業員様の今後処遇等

【 本会に 】
・終わりに：一般社団法人日本的M&A推進財団

ご出席者：
株式会社○○　　　代表取締役○○　　　○○　　様
株式会社△△　　　代表取締役△△　　　△△　　様
○○税理士事務所　所長・税理士　　　　○○　　様
税理士法人△△△　代表社員△△△　　　△△△　様
一般社団法人日本的M&A推進財団　　　××　××

※当日連絡先：M&A村田　××携帯（080-xxxx-xxxx）

令和○年○月○日

株式会社○○
代表取締役　○○　○○　様

株式会社△△△△
代表取締役　△△　△△

意 向 表 明 書

謹啓　貴社益々ご清栄のこととお慶び申し上げます。平素は格別のご高配を賜り、厚く御礼申し上げます。

さて、この度は、株式会社○○の株式譲渡（以下「本件提携」といいます）に関する検討の機会を賜り、誠にありがとうございます。

弊社は、検討を重ねられた結果、本件提携に関して貴社との協議を深めさせていただきたいと考えており、大筋に弊社の意向として下記の通り明記いたしますと共に、本件提携の実現に向けての今後のプロセスに、熱意をもって貴社と協議を進めさせていただきたきことをお約束し上げます。ご検討の程、何卒宜しくお願い申し上げます。

謹白

記

1　本件提携の目的

私どもは△△△グループは、19××年の創業以来、一貫して地域住民とのつながりを大切にしつつも、新規出店や承継等によって全国への広がりを見せ、現在約500件の店舗を運営するに至っております。地域の一社として、その地域で経営されてこられた社長様がよくご存知であるという考えのもと、当グループに参画いただいた企業の多くは、屋号を変えることもなく、経営者、経営幹部、従業員の皆様にも引き続き活躍いただくことができ多くございます。

貴社は、関東三都県において店舗を運営されており、お客様や地域の取引先との信頼関係を構築し、地域の人々に一番近い存在であるように尽力されてこられたことをこれまでのトップ面談や施設見学等で感じ取り、主にこのグループの掲げるスタンスと重なる部分が多くあることを確信いたしました。

今般、本件提携が実現いたしますと、関東圏エリアにおいて約60店舗となり、よりドミナント化が実現することができ、更に地域への貢献が可能となることは間違いありません。

1

こうした背景のもと、本提携を是非とも実現したいと熱望しております。

2　本提携の形態及び諸条件等

① 本提携の形態（スキーム）

貴社の発行済み株式100%（議決権比率100%、以下「本件株式」といいます。）を譲受すること（以下「本件株式譲受」といいます。）を希望しております。

② 株式譲受の対価

本件株式譲受の対価として、金〇〇〇〇円を目処とすることを想定しております。最終的な企業調査対価につきましては、本書3記載の企業調査等の結果を踏まえ、総合的に判断させていただき、貴社と協議の上、正式に決定させていただくものとなります。また、貴社現役員のうち、これまでのご功績に応じて役員退職慰労金を支給する場合、当該役員退職慰労金の額を本件株式譲受の対価に先立てることを想定しております。

③ 代表者及び役員の処遇

貴社での具体的な業務内容やご要望を踏まえ、今後の協議を通じて決定させていただきたいと考えております。また、役員として残留いただくそれぞれ年間〇〇〇円を想定しておりますが、諸条件の詳細は別途相談させていただきたく存じます。

④ 譲受日以降の会社・経営体制に関して

差し支えないようでしたら、本提携後も基本的に貴社の社名及び商号を維持させていただきたく存じます。また、貴社事業の更なる発展に最大限尽力させていただきたく存じます。

⑤ 譲受日以降の株式会社〇〇による取引先との契約について

本件提携により、一部〇〇グループにおける内製化及び当グループの既存取引先への切り替えが発生する可能性があり、その場合は契約の解除を想定しております。

⑥ 譲受日以降の貴社従業員の処遇

貴社がこれまで成長を遂げた要因のひとつとして、貴社従業員の皆様のご活躍があると考えております。本後、本件後、従業員様を大切にしてこられた△△社長様の思いを受け継ぎ、貴社の文化や教育体制を最大限継承してまいります。当然のことながら、貴社の従業員様を全員引き継ぎ、雇用条件等については、原則として現状の労働条件を維持し、その後も一方的な不利益変更はしないことを想定しております。

ただし、一部出向や現状の処遇の見直しについては、ご本人様の意向を踏まえ、

両社協議の上で決定させていただく存じます。

⑦ 貴社が所有する事業不動産について

以下に記載する不動産につきましては、両社協議の上、本件提携後の処分方法を決定させてください。

〇〇県〇〇市〇〇区〇〇　□-□-□　△△△

3　企業調査

① 20××年の法律改正を踏まえ、貴社事業の将来性、法務調査並びに財務内容、会計処理等の実態を把握する必要につきましては、弊社または弊社の指定する公認会計士等の監査人並びに弁護士等が貴社に同行し、施設見学、・・・・、書類等の・・・、貴社の会計帳簿・その他の帳簿、・・・、貴社の過去、現在及び将来の経営状況、財産状況並びに各種契約内容・規程・書類等整理状況等を調査させていただくことを想定させていただくことを存じます。

② 企業調査の期間、具体的な期間・方法等については別途相談させていただきたく存じます。

4　注記事項

① 本書記載の本件提携の形態及び諸条件等は最終的な結論ではございません。貴社及び貴社の株主様の意向を踏まえ、今後、両社協議の上で譲渡日までに決定したく存じます。

② 本書記載の本件提携の形態及び企業調査の結果、弊社取締役会における正式決議のものであり、また、本書記載の本件提携の形態及び諸条件等により、本件提携の形態及び諸条件等に影響を及ぼす可能性があることをご了承ください。

③ 本意向表明書記載の事項は、本件に関する現時点での弊社の意向をご提示させていただくものであり、法的拘束力及び経済的な拘束力のあるものではないという点につきまして予めご了承ください。

以上

株式譲渡に関する基本合意書

株式会社××（以下「買主」という。）と株主●●●●（以下「売主a」という。）及び株主●●●●（以下「売主b」という。）また売主a及び売主bを合せて（以下「売主ら」という。）とは、株式会社○○（以下「対象会社」という。）の株式を買主が譲り受けることに係る対象会社の経営権を掌握することに関し、以下のとおり基本的な合意に達したので、ここに基本合意（以下「本合意」という。）を締結する。

第1章　基本スキーム

第1条（目的）

1　売主らは、買主及び対象会社の一層の発展を目指し、対象会社の発行済株式の全てを売主らが買主に譲渡して、対象会社の経営権を買主に移転することを目的とする。

2　買主は、第2条に定める対象会社の発行済株式の全て（以下「対象株式」という。）を売主らから譲り受けることを目的とする。

第2条（株式譲渡）

1　売主らは、買主に対し、売主らが所有する対象会社の発行済株式の全（以下「対象株式」という。）を譲渡価額○円（合計金○円。以下「本件株式譲渡価額」という。）で譲渡するものとし、買主はこれを譲り受ける（以下「本件株式譲渡」という。）。

2　対象株式の譲渡価額は、1株あたり金○円（合計金○円）とする。ただし、第5条に規定する買主による調査の結果、対象株式の譲渡価額に関して売主らが買主に提供した従前の情報とは異なる重大な事実が判明したときは、買主又は売主らは協議のうえ本件株式の譲渡価額を変更することができるものとする。

3　対象会社が売主らに対し、役員退職慰労金その他の名目で金銭の支払いを行う場合には、買主及び売主らは協議のうえ本件株式譲渡価額を変更するものとする。

第3条（最終契約の締結）

買主及び売主らは、本合意に規定された全ての事項が実施・確認された後は、本合意に関する諸条件につき合意し、遅滞なく最終契約を締結するものとする。ただし、本合意に定めるいずれかの事項が充足されない場合は、当該事項の確認・実施について、買主及び売主らは協議のうえ当該事項の権利を有する当事者が当該権利を放棄した場合を除き、最終契約の締結する義務を負わないものとする。

第4条（基本日程）

買主及び売主らは、下記の基本日程を目標として本件株式譲渡を実行する。

記

令和○年○月初旬　第5条に規定する本件調査の実施
令和○年○月中旬　最終契約の締結
令和○年○月下旬（以下「譲渡日」という。）　対象株式の譲渡

以　上

第2章　調査

第5条（調査）

1　買主は、対象会社の事業及び財務内容の実在性・妥当性を検証するために、本合意締結以降、買主又は買主の指定する第三者（公認会計士、弁護士、税理士等を含む。以下「調査人」という。）による対象会社の発行済株式の調査（事業計画の検証、実地調査、インタビュー、会計帳簿その他の書類の閲覧、調査を含む。以下「本件調査」という。）を実施するものとする。

2　本件調査の時期・項目・方法等については、別途買主及び売主らで協議のうえ決定するものとする。

3　売主らは、本件調査として、本件調査に可能な限り協力をさせるとともに、事実をありのまま買主又は調査人に開示・通知・回答させるものとする。

第3章　譲渡日までの義務

第6条（善管注意義務）

売主らは、本合意に別途の定めのある場合を除き、対象会社をして、本件株式譲渡が実行されるまで、善良なる管理者の注意をもって業務を運営させるものとし、対象会社においてその各号に掲げる行為その他の対象会社の資産・財務内容に重大な変更を生じせしめる行為を行わないではならないように行うとともに、経済的な営業その他業務につき次の各号についてはこの限りではない。

(1)　重大な資産の譲渡、処分、賃貸借
(2)　新たな借入その他の債務負担行為及び保証、担保設定行為
(3)　新たな設備投資及び多額の資本的支出行為
(4)　非経常的な契約の締結及び解約、解除
(5)　従業員の大量の新規採用及び解雇
(6)　対象会社の重要な契約の締結・変更（本件株式譲渡に係る譲渡承認を除く）、自己株式の取得
(7)　募集株式の発行等、減資、株式分割、株式無償割当て、株式併合
(8)　合併、会社分割、事業譲渡、商号変更（組織変更）

(9) 前各号の他、日常業務に属さない行為

第4章　表明及び保証

第7条（表明及び保証）
売主らは、最終契約において、買主に対し、対象株式の存在及び帰属並びに対象会社の事業及び財務内容の実在性等に関し、買主との間で合意した事項につき表明保証を行うものとする。

第5章　付随合意

第8条（従業員等の処遇）
買主は、本件株式譲渡後も、対象会社が本件株式譲渡後において雇用している社員の雇用を維持するとともに、本件株式譲渡時点の労働条件を実質的に下回らないことを保証するものとする。

第9条（役員等の処遇）
売主は、譲渡日をもって、対象会社の取締役を辞任するものとする。

第10条（譲渡後の支援）
売主は、本件株式譲渡後、買主が対象会社の経営を行うにあたり、買主に対して対象会社の事業の引継ぎ及び経営者における助言等の支援を行う。

第11条（債務の弁済）
売主は、譲渡日後速やかに、対象会社に対し、最終契約締結時点で双方確認のうえ確定された借入金等を全額返済させるものとする。

第6章　解除

第12条（保証債務の解消等）
買主は、本件株式譲渡後速やかに、売主らが対象会社の債務及び資産に設定されている保証を担保するため、売主らが対象会社の債務及び資産に設定されている担保権消滅のために必要な手続を行うものとし、買主が負っている保証債務及び担保権の解消が完了するまでの間において、当該保証債務及び担保権の解消が完了するまでの間において、債権者から売主らに対して保証責任の追及があった場合において、同手続が完了する前に売主らが負担した場合には、全て買主の責任と負担において対応、処理するものとする。

第13条（買主の解除権）
本合意の有効期間中といえども、売主又は対象会社に次の各号のいずれかに該当する事由が生じ、買主が売主らに対して書面で催告後10日を経過するまでにこれが是正されない場合は、買主は、本合意を解除することができる。
(1) 売主らが本合意に違反した場合（ただし、法的拘束力を有する条項に違反した場合に限る。）又は、売主らの故意若しくは重過失により本合意の目的が達成できない場合
(2) 重要な契約の変更、主要な取引先の倒産、保全事件・保全事件等の発生、天変地変その他不可抗力により発生した重大な損害に関する重要な外部的理由により、対象会社の事業、財務内容、資産状態その他の企業価値について重大な変動が生じ、本件株式譲渡の実行が不可能であると認められる場合
(3) 本件調査により、対象会社の事業、財務内容、資産状態その他の企業価値に関する情報の詳細が明らかとなり、対象会社の企業価値に重大な影響を及ぼすことがある場合

第14条（売主の解除権）
本合意の有効期間中といえども、買主が本合意に違反した場合（ただし、法的拘束力を有する条項に違反したときに限る。）又は買主の故意若しくは重過失により本合意の目的が達成できない場合、売主らが買主に対して書面で催告後10日を経過するまでにこれが是正されない場合、売主は、本合意を解除することができる。

第7章　合意の効力等

第15条（有効期間）
1 本合意は、本合意締結日から延長して3ヶ月（以下「有効期間」という。）以内に最終契約が締結されなかったときは失効するものとする。この場合、本合意中において法的拘束力を有することを確認した条項を除き、買主及び売主は、相互に損害賠償責任を負わず一切の金銭等の提供の請求をしないものとする。
2 買主及び売主は、必要ある場合は、合意により、前項の有効期間を延長することができるものとする。
3 第1項の規定に基づき本合意が失効したときは、買主及び売主は別途協議の上、相手方から受け取った資料の返還方法等につき別途協議するものとする。

第16条（付随的合意権限）

第17条（譲渡禁止）
買主及び売主らは、相手方の事前の書面による承諾を得ることなく、本合意により生じた権利義務の全部若しくは一部又は本合意上の当事者たる地位を、第三者に譲渡し、承継し、担保に供し、又はその他の方法で処分してはならない。

第18条（法的拘束力）
買主及び売主らは、本合意のうち第6条及び第7条並びに第13条から第21条までが法的拘束力を有し、その他の条項については法的拘束力を有さないものであることを確認する。

第8章　一般条項

第19条（秘密保持）
1　買主及び売主らは、次の各号に規定する情報を除き、相手方当事者の事前の書面による承諾を得ることなく本合意及び本件株式譲渡並びに本件株式譲渡に関連する一切の情報（以下、本条において「秘密情報」という。）について第三者に開示してはならない。ただし、買主及び売主らは、本合意の目的達成のため合理的に必要な範囲に、秘密保持義務を課したうえで秘密情報を開示することができる。その他の専門家に対し、秘密保持義務を課したうえで秘密情報を開示することができる。

(1) 開示を受けた時点で、既に公知であった情報
(2) 開示を受けた後、受領者の責によらない事由により公知となった情報
(3) 開示を受けた後、受領者の責に帰すべき事由によることなく独自に開発した情報
(4) 受領者が秘密情報を利用することなく独自に開発した情報
(5) 受領者が正当な権限を有する第三者より守秘義務を負うことなく開示を受けた情報
(6) 法令、証券取引所の規則その他これらに準ずる定めに基づき受領者が開示を要求された情報。ただし、当該要求を受けた受領者は、速やかに開示者に当該事実を通知するものとする。

2　本条における義務は、解除、失効等の原因の如何を問わず、本合意の効力が失われた後も2年間は有効に存続する。

5

売主及び売主らは、有効期間中は、第三者との間で、株式の譲渡及び合併、株式交換等の他対象会社の合併、第三者割当増資等の企業提携その他本件株式譲渡の実行を困難とする取引の他の交渉、情報の交換等を行うことができないものとし、現時点でいかなる第三者ともかかる交渉、情報の交換等を行っていないことも保証する。

第20条（費用）
本合意に定める事項を実施するために要する一切の費用は、特段の合意がない限り、各当事者の負担とする。

第21条（合意管轄）
本合意に関する一切の裁判上の紛争については、○○地方裁判所を第一審の専属管轄裁判所とする。

第22条（誠実義務）
買主及び売主らは、本合意締結後、最終契約の締結に向けて誠心誠意努力するものとする。

第23条（協議事項）
本合意に定めのない事項及び本合意の各条項に疑義が生じたときは、買主及び売主らは、誠意をもって協議のうえ解決するものとする。

（以下余白）

6

本合意締結の証として本書3通を作成し、各自1通を保管する。

令和○年○月○日

買主：住所
　　　株式会社××
　　　代表取締役

売主a：住所
　　　氏名

売主b：住所
　　　氏名

7

13 独占交渉権に関する通知書

年　月　日

株式会社○○○○
代表取締役
○○　○○　様

東京都・・区・・○-○-○
株式会社△△△△
代表取締役　△△　△△

独占交渉権に関する通知

拝啓

貴社ますますご清栄のこととお慶び申し上げます。

弊社の発行済株式のすべての譲渡（以下、「本件」といいます。）に関し、貴社より「意向表明書」をご提示いただきましたことにつき、厚く御礼申し上げます。誠にありがとうございます。

先日の面談と、今回いただきました意向表明書の内容につきまして、弊社の株主、株主の親族、顧問税理士も含め慎重に検討をさせていただきました結果、各種条件はもとより、社員育成についての考え方、業務内容の親和性、地域戦略が持つ可能性等を鑑み、将来にわたり相互の企業価値を高めるパートナーとして、下記の通り今後の交渉を貴社に限定することを決定いたしました。

貴社とのご縁により、創業以来大切に育ててまいりました弊社が、貴社グループの中でさらなる発展をすることとともに、当社の繁栄にも寄与することとなりますことを心から祈念しております。

今後、デューデリジェンス等の諸手続きや引継ぎ等、対話を重ねる機会も増えてまいりますが、最後まで何卒よろしくお願い申し上げます。

敬具

記

1　独占交渉権の付与
株式会社△△△△の株主である、△△△△及び△△○○は、本件の取引の交渉先を株式

1

会社○○○○に限定するものとし、現時点でいかなる第三者ともかかる交渉、情報の交換等を行っていないことを表明し保証します。

2　有効期間

　年　月　日より起算して、3ヶ月以内（以下、「有効期間」といいます。）に最終契約が締結されなかったときは、貴社に付与した独占交渉権は失効するものとさせていただきます。また、必要がある場合には、相互に同意の上、有効期間を延長することができるものとします。

以上

東京都・・区・○○○
株式会社△△△
代表取締役　△△　△△

2

14　調印式　式次第

基本合意　調印式　式次第

令和○年○月○日

株式会社　○○○○
代表取締役　○○○○　様

○○○○　株式会社　代表取締役　○○○○　様

一、開式及びはじめに

一、基本合意書　内容の確認

一、基本合意書　調印

一、譲渡側社長よりご挨拶

一、譲受側社長よりご挨拶

一、出席者より祝辞

一、閉式

以上

株式譲渡契約書

株式会社××（以下「買主b」という。）と株主1（以下「売主a」という。）及び株主2（以下「売主b」という。また売主a及び売主bを併せて「売主ら」という。）とは、売主ら保有の株式会社〇〇（以下「対象会社」という。）の株式の譲渡に関し、本日、以下の内容で株式譲渡契約（以下「本契約」という。）を締結する。

第1条（株式譲渡）
　売主らは買主に対し、次条以下の定めに従い、売主ら保有の対象会社の株式〇株（以下「対象株式」という。）を譲り渡し、買主はこれを譲り受ける（以下「本件株式譲渡」という。）。

第2条（譲渡日および支払日）
　対象株式の譲渡日は、令和〇年〇月〇日とし（以下「譲渡日」という。）、別途当事者にて譲渡対価の支払日（以下「支払日」という。）を定める。

第3条（譲渡価額）
　買主は、対象株式の対価として、売主らに対し、それぞれ下記記載の金額（一株あたり金〇円、合計金〇円。以下「本件譲渡価額」という。）を支払う。

記
　売主a　　金〇円
　売主b　　金〇円
以上

第4条（譲渡価額の支払方法）
1　買主は、売主らに対し、支払日に、売主らの指定する下記口座に振り込む方法により本件譲渡価額を支払う。振込手数料は買主の負担とする。

記
　銀行・支店名　　〇〇銀行〇〇支店
　口座種類・番号　普通・〇〇〇〇〇〇〇
　名義人　　　　　〇〇　〇〇

第5条（重要物品等の引渡し）
1　売主らは、譲渡日に、以下の各号に定める重要物品等を買主に引き渡す。（写し）
(1) 対象会社の譲渡承認に関する重要書類等（写し）
(2) 対象株式の譲渡承認議事録・同承認書（写し）

(3) 売主らから買主への対象株式の株主名簿書換請求書
(4) 対象会社の株主名簿（写し）
(5) 売主らの対象会社取締役の辞任届及び第6条に基づき売主aが現保有した対象会社役員の辞任届一通
(6) 対象会社登録印（実印）及び法務局登録の印鑑カード
2　買主は、売主らに対し、前項各号の重要物品等の引渡しを条件として、直ちに、その受領書を交付する。

第6条（譲渡日までの売主らの義務）
1　売主らは、譲渡日における本件株式譲渡の実行に向け、第8条に定める実行条件の充足その他のため、本契約及び本件手続上必要とされる一切の手続を譲渡日までに遵守完了させる。

2　売主aは、対象会社の代表取締役として譲渡日まで自らの辞任届及び現保有した対象会社役員〇〇の辞任届を取得する。

3　売主らは、本件株式譲渡の実行完了まで、対象会社の資産を善良なる管理者の注意をもって事業を運営させ、対象会社の資産を売却、担保設定又は株主に対する剰余金の分配などに供させてはならない。

4　売主らは、本件株式譲渡の実行完了まで、対象会社に対し新株予約権の発行、株式分割、合併、会社分割、株式交換、株式移転その他資本構成に影響を及ぼす行為を行わせてはならない。

5　売主らは、本件株式譲渡の実行完了まで、対象会社に本契約締結日に在籍する従業員の異動を行わせてはならない。

第7条（譲渡日までの買主の義務）
　買主は、譲渡日における本件株式譲渡の実行に向け、次条に定める実行条件の充足その他本契約及び本件手続上必要とされる一切の手続を譲渡日までに遵守完了させる。

第8条（実行条件）
1　買主は、譲渡日に以下の各号に定める実行条件の成就を条件として、本件株式譲渡を実行する。ただし、買主は、以下の各号に定める実行条件の全部又は一部に未成就の場合でも、売主らに対する本件株式譲渡を実行することができる。
(1) 売主らが、第11条各号に定める表明保証事項が真実かつ正確であること
(2) 売主らが、以下の各号に定める実行条件の成就を条件として、本件株式譲渡を実行すること
2　売主らは、以下の各号に定める実行条件の成就を条件として、本件株式譲渡を実行する。ただし、売主らは、以下の各号に定める実行条件の全部又は一部が未成就の場合でも、

買主に本件株式譲渡の実行を請求することができる。
(1) 第10条各号に定める買主の表明保証事項が真実かつ正確であること
(2) 買主が、譲渡実行日までに本契約に定める義務を遵守したこと

第9条（譲渡実行の変更）
1　買主と売主は、前条に定める本件譲渡の実行条件未成就のために譲渡実行日において本件株式譲渡を直ちに実行できない場合には、本件株式譲渡の実行方法を誠実に協議する。
2　買主と売主は、前項に定める協議が整わない場合には、本件株式譲渡を中止する。

第10条（買主の表明保証）
買主は、本契約締結日及び譲渡実行日において、以下の事項を表明し保証する。
(1) 本契約の締結・履行に必要な手続、監督官庁の許認可・承認等の取得、監督官庁に対する報告・届出その他必要な全ての社内手続を完了しており、かつ本契約の締結・履行が法令又は買主の定款その他の社内規則に違反していないこと
(2) 買主が集団的に若しくは常習的に違法行為を行うことを助長するようなおそれがある団体若しくはその構成員又はこれらに属すると合理的に判断される者（以下「反社会的勢力」という。）ではなく、直接・間接を問わず何らの関係もなく、反社会的勢力に直接又は間接に関与していないこと、かつ、資金・資金上の関係がなく、名目の如何を問わず、反社会的勢力に対して資金提供その他の便宜を通じ反社会的勢力の維持・運営に協力していないこと

第11条（売主らの表明保証）
売主らは、本契約締結日及び譲渡実行日において、以下の事項を表明し保証する。
(1) 本契約の締結・履行に必要な株主総会の承認その他必要な社内手続、監督官庁の許認可・承認その他必要な全ての手続を完了しており、かつ本契約の締結・履行が法令又は売主らの定款その他の社内規則に違反していないこと
(2) 売主らが反社会的勢力ではなく、直接・間接を問わず、反社会的勢力の経営に直接又は間接に関与していない資金・資金上の関係がなく、名目の如何を問わず、反社会的勢力に対して資金提供その他の便宜を通じ反社会的勢力の維持・運営に協力していないこと
(3) 対象会社の発行済株式総数は普通株式のみであり、新株予約権その他の対象会社の株式に転換し又は権利を取得できる権利がなく、これら株式、これに係る発行若しくは発行する権利を取得することができる権利を設定していないこと

売主らが交付した対象会社の株主名簿の記載が真実であること
(4) 売主らが買主に一切交付する対象株式を含む対象会社の株主名簿も実質上も、株主名簿も実質上も対象会社の株主であること、対象株式又は買象株式の完全な権利を取得できること
(5) 売主らが買主に交付した対象会社の貸借対照表及び損益計算書（決算書を含む）は、日本における公正妥当な会計基準により作成され、各作成基準日時点における対象会社の財政状態及び経営状態を適正に示していること、対象会社に偶発債務、簿外債務又は引当・償却不足はないこと
(6) 対象会社は国内外で租税、社会保険料など公租公課の未払がなく、過去7年間適正な申告を行い、これを否認する税務処分がなされるおそれがないこと
(7) 対象会社は、取引先に対する重大な債務不履行がなく、かつ取引先による重大な債務不履行がないこと、対象会社について、現在係属中の訴訟、仲裁、調停、処分、仮処分その他の司法上又は行政上の手続（以下「訴訟等」という。）がなく、対象会社が第三者に提起予定の訴訟等もなく、対象会社又は対象会社の資産を拘束する判決その他の司法上又は行政上の処分等がないこと
(8) 本契約締結日現在において、対象会社の重大な契約の解除、解約となる原因とならないこと
(9) 対象会社の行う事業に関する許認可のうち、本件株式譲渡に関する承認、同意その他通知又は届出事由による承認を含むこれらに基づく契約が含まれないこと、はないこと
(10) 対象会社は、従業員又はその所属労働組合との間で紛争がなく、その従業員に対する給与、退職金又はその他の労働債務を遵法に履行していること
(11) 対象会社は、全ての遵守すべき法令、通達を遵守し、必要な全ての許認可を有し、許認可に伴う条件・要件を遵守して事業を行っていること
(12) 対象会社が、対象会社の事業の運営にあたり必要な公租、環境保護、廃棄物処理及び排出に関する法令その他の行政指導上の規制を遵守し、これらに違反しておらず、かつ対象会社が所有する不動産について土壌汚染その他の環境汚染が発生しておらず、又はこれらの事項に関して第三者から警告若しくはクレームを受けていないこと
(13) 対象会社が、買主若しくは売主ら以外の同意なく、次の各号に掲げる行為を行っておらず、その後の書面による同意なくその後の行為を直接又は間接に関与していないこと
イ　重大な資産の譲渡、処分若しくは賃貸借、又は新たな借入その他の債務負担、保証若しくは担保設定
ロ　新たな担保権設定、非経済的な仕入、処分又は非経済的な契約の締結、解約若しくは解除

ハ　従業員の大幅な新規採用又は解雇

ニ　対象会社の株式の譲渡の承認（ただし、本件株式譲渡の承認を除く）

ホ　増資、減資、株式分割、合併、会社分割、株式交換又は株式移転

(14) 売主ら及び対象会社は、対象事業の運営又は価値に関連する重要な文書及び情報で買主から開示要請を受けたものは全て買主に明示しており、開示情報は重要な点で真実かつ正確であり、不正確な資料を提供したことはないこと

第12条（譲渡後の買主らの義務）

1　買主は、譲渡日後最低1年間は、対象会社が譲渡日に雇用している正社員の雇用を維持し譲渡日の労働条件を実質的に下回らないように努める。

2　買主は、譲渡日に、対象会社をして、代表取締役である売主aに対し、金〇円を退職慰労金として支払わせる。

第13条（譲渡後の売主らの義務）

1　売主らは、本件株式譲渡後、買主が対象会社の経営を行うにあたり、別途定める方法に従って、買主に対して対象事業の引継ぎ及び経営上における指導等の支援を行う。

2　売主らは、譲渡日後3年間は、対象会社と競業関係に立つ業務を行わず又は第三者にこれを行わせない。

第14条（債務の弁済）

売主は、譲渡日において、対象会社をして、売主らに対する借入金〇円の全額を返済させるものとする。

第15条（保証債務の解消、担保権の抹消）

売主らは、譲渡日後速やかに、買主の責任と費用負担で、売主らの全ての保証債務から売主らを免職させ、かつ売主らの所有財産に設定された抵当権その他の担保権（以下「抵当権等」という。）の登記抹消手続を行い、これらの手続の完了までに売主らが対象会社の保証責任に必要な追及又は担保権の実行をなした場合には、全て買主の責任と費用負担にて処理する。

第16条（解除）

1　買主と売主らはいずれも、相手方が表明保証事項その他の本契約上の重大な義務に違反し当該相手方に対する書面による是正を求める旨の通知後相当期間を経過しても是正が見込まれない場合には、譲渡日以前に限り、本契約を解除することができる。第9条に定める協議により譲渡日を改めて定めた場合（以下、改めて定めた譲渡日を「新譲渡日」といい、本条の規定中、「譲渡日」とあるのは、「新譲渡日」と読み替える

える。

2　買主と売主らはいずれも、譲渡日以前に相手方に以下に定める各事由のいずれかが発生した場合には、何らの催告を要せず直ちに相手方に対する書面による通知により本契約を解除することができる。

(1) 破産手続開始、民事再生手続開始、会社更生手続開始その他これに類する倒産手続の申立てを行い又は第三者からこれらの申立てがなされたとき

(2) 支払いの停止があったとき又は支払手形若しくは1回でも不渡りにしたとき

(3) 営業廃止若しくは解散又は官公庁から業務継続不能若しくはその他の重大な影響を受けたとき

(4) 組織・業態の変更その他対象会社の経営に重大な影響を及ぼす行為があったとき

(5) その他本契約の遂行が著しい困難を生じる相当の理由があるとき

第17条（損害の賠償又は補償）

1　買主と売主らはいずれも、故意又は過失により本契約に違反し又はこれにより相手方又は対象会社に損害（第三者からの請求に基づくものを含む。合理的な範囲での弁護士費用を含む。以下本条において同じ）が発生した場合、本件譲渡価額を上限として、相手方又は対象会社に対して当該損害を賠償する。ただし、譲渡日後1年間に限り、相手方又は対象会社に対して当該損害を賠償する。ただし、譲渡日後1年以内に損害賠償を請求した場合、同期間経過後も賠償を受ける権利は存続する。

2　前項の定めにかかわらず、買主と売主らはいずれも、自らが行った表明保証が真実でなく又は正確でなることに起因して相手方が被った損害については、本件譲渡価額を上限として、譲渡日後1年以内に限り、当該損害を賠償又は補償する。ただし、譲渡日後1年以内に損害賠償を請求した場合、同期間経過後も賠償を受ける権利は存続する。

3　前2項の損害賠償又は補償の請求は、賠償又は補償の原因となる具体的な事実及び賠償又は補償を求める金額の合理的な根拠を記載した書面により行う。

第18条（権利義務の譲渡禁止）

買主と売主らはいずれも、相手方の書面による承諾なしに、本契約に基づく権利・義務の全部若しくは一部を第三者に譲渡し、移転し又は第三者のための担保に供することなど一切の処分を行わない。

第19条（秘密保持）

1　買主と売主らは、次の各号に定める情報を除き、相手方から本契約による本件承諾なしに、書面、電子メール、電話の録音、口頭その他の方法の如何を問わず、本件

5

6

株式譲渡の検討に関連して相手方当事者より開示された一切の情報、基本合意書の事実及び基本合意の内容並びに本契約締結の事実及び本契約締結のための一切の情報（以下、併せて「秘密情報」という）を、本契約の目的達成のための以外に使用してはならず、又は第三者に開示しない。ただし、買主と売主らは本契約の目的達成に合理的に必要な範囲で、役員若しくは本件株式譲渡の検討・実行に関与する従業員又は弁護士、公認会計士、税理士、司法書士、コンサルタントその他の専門家に本条と同等の秘密保持義務を課した上で秘密情報を開示することができる。

(1) 開示された時点で既に公知となっていた情報
(2) 開示された後受領者の責めによらないで公知又は公用となった情報
(3) 開示された時点で既に自ら保有していた情報
(4) 正当な権限を有する第三者から秘密保持義務を負うことなく開示された情報
(5) 秘密情報によることなく受領者が独自に開発した情報

2 買主と売主らは、前項の規定にかかわらず、次の各号に定める場合は、秘密情報を開示することができる。

(1) 本契約の目的達成のため合理的に必要な範囲で、役員若しくは本件株式譲渡の検討に関与する従業員又は弁護士、公認会計士、税理士、司法書士、コンサルタントその他の専門家に本条と同等の秘密保持義務を課した上で開示する場合
(2) 法令又は裁判所の命令により秘密情報の開示を義務付けられ、事前に（緊急やむを得ない場合には当該義務の履行に必要な範囲に開示後速やかに）相手方当事者に通知し、かつ、当該開示に関する事項について相手方当事者に開示する場合

3 本件株式譲渡に関する具体的な内容、時期及び方法は、別途合意して定める。

4 本条に基づく買主と売主らの義務は、譲渡日後２年間有効に存続するものとする。

第20条（費用）
買主と売主らが本契約の締結及び履行に要した費用（専門家費用を含む）は、特段の合意がない限り各自当事者の負担とする。

第21条（完全合意）
本契約は、本件株式譲渡その他本契約における対象事項に関する買主及び売主らの最終的かつ完全な合意を構成するものであり、かかる対象事項に関する本契約締結日までの両当事者間の一切の契約、合意、約定その他の約束（書面によるか口頭によるかを問わない。また、両当事者間の令和○年○月○日付基本合意書を含む）は、本契約に別段の定めのある場合を除き、本契約締結をもって失効する。

第22条（譲渡）

7

買主及び売主らは、本契約に起因し、又はこれに関連する一切の紛争については、○○地方裁判所を第一審の専属管轄裁判所とする。

第23条（誠実協議）
買主と売主らは、本契約の条項の解釈につき疑義が生じた場合又は本契約に定めのない事項については、誠意をもって協議し解決する。

本契約成立の証として本書３通を作成し、各自１通保管する。

令和○年○月○日

買主：住所
株式会社××
代表取締役

売主：住所
氏名

売主b：住所
氏名

8

税務・財務デューデリジェンス予定スケジュール

■第1日目

時　間	内　　容	貴社参加者	必要書類
9:30～11:00	経営者インタビュー	経営者様	履歴事項全部証明書 / 定款 / 会社パンフレット / 業務フロー図　等
11:00～12:00	経理責任者インタビュー	経理責任者様	経理フロー / 備付け帳簿一覧　等
【休憩】			
13:00～17:00	「税務DD」及び「財務DD」	経理責任者 / 経理担当者（通常業務をしていただいて構いませんが、資料の準備等にご対応ください）	決算書　3期分 / 内訳書　3期分 / 申告書　3期分 / 総勘定元帳　3期分 / 補助簿綴り　3期分 / 請求書綴り　3期分 / 給与台帳　3期分 / 各種規程書　3期分 / 社員名簿 / 直近3年間の退職者一覧 / 各種規定

■第2日目

時　間	内　　容	貴社参加者	必要書類
9:30～10:00	経過報告と質問	経理責任者様	第1日目と同じ
10:00～12:00	「税務DD」及び「財務DD」	経理担当者様 / 経理責任者様（通常業務をしていただいて構いませんが、質問等にご対応ください）	第1日目と同じ
【休憩】			
13:00～16:00	「税務DD」及び「財務DD」	経理担当者様 / 経理責任者様（通常業務をしていただいて構いませんが、質問等にご対応ください）	第1日目と同じ
16:00～17:00	最終確認事項	社長様、又は経理責任者様	

重要物品目録

年　月　日

株式会社
代表取締役　　　　　　様

住所
株式会社
代表取締役

以下の物品を譲渡致します。

記

物　品　名	数　量
対象会社の株主総会議事録（写し）	1
対象会社の株式譲渡承認決議書・同承認書	1
対象会社の株主名簿（写し）	1
対象会社の株主名簿（写し）	1
対象会社取締役の辞任届	1
法人代表印	1
金融機関取引印	1
預金通帳	1
印鑑証明カード	1
会社・その他のカギ	1

以上

18　重要物品受領書

重要物品受領書

株式会社
代表取締役　　　　　様

以下、正に受領致しました。

　　　　　　　　　　　　　　年　月　日

住所
株式会社
代表取締役

記

物　品　名	数　量
対象会社の株主総会議事録（写し）	1
対象会社の株式譲渡承認請求書・同承認書	1
対象会社の株名簿名義書換請求書	1
対象会社の株主名簿（写し）	1
対象会社取締役の辞任届	1
法人代表印	1
金融機関取引印	1
預金通帳	1
印鑑証明カード	1
会社・その他のカギ	1

以上

19　引継ぎ業務調査シート

引継ぎ業務の調査シート

業務の引継ぎをスムーズにするために、現状の仕事を、以下の注意点を踏まえ、次ページ以降のシートを使って「日々の仕事」「週単位の仕事」「月単位の仕事」「年単位の仕事」として書き出してください。

お忙しい中での記入は大変かと思いますが、思いついたとき、いつでも記入できるよう、持ち歩いていただく等工夫してみてくださいい。よろしくお願いします。

シート記入上の注意点

○現在の仕事はどんな些細なことでもすべて書き出してください。
例えば
　・出社して鍵を開ける
　・空気清浄機の電源を入れる
　・全社員の日記に目を通す　等……

○文章で複数の仕事を書くのではなく、箇条書きで一つ一つの仕事を表現してください。

○共同で仕事をしている場合、相手のある仕事の場合は、その相手の名前も記入してください。

1

週・月単位の仕事

【週 間】

曜日	仕事の内容	曜日	仕事の内容
月		金	
火		土	
水		日	
木		備考	

【月 間】

	仕事の内容		仕事の内容
1 日		17 日	
2 日		18 日	
3 日		19 日	
4 日		20 日	
5 日		21 日	
6 日		22 日	
7 日		23 日	
8 日		24 日	
9 日		25 日	
10 日		26 日	
11 日		27 日	
12 日		28 日	
13 日		29 日	
14 日		30 日	
15 日		31 日	
16 日		備考	

3

日々の仕事

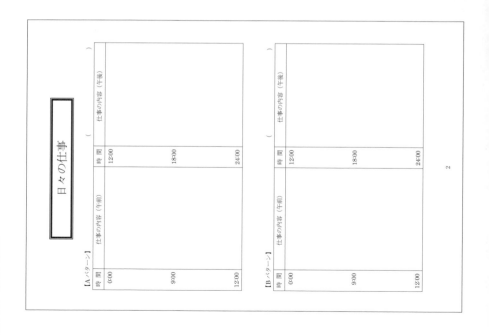

【Aパターン】

時 間	仕事の内容（午前）	時 間	仕事の内容（午後）（　　）
0:00		12:00	
9:00		18:00	
12:00		24:00	

【Bパターン】

時 間	仕事の内容（午前）	時 間	仕事の内容（午後）（　　）
0:00		12:00	
9:00		18:00	
12:00		24:00	

2

年単位の仕事

月	仕事の内容
1月	
2月	
3月	
4月	
5月	
6月	

月	仕事の内容
7月	
8月	
9月	
10月	
11月	
12月	

あとがき

　プロローグでスタートした本書はエピローグで締めくくるべきです
が、後継者不在という現実を変革するための第三者承継の取組みはまだ
道半ばであることを考えれば、エピローグはまだ書けません。その内容
がどれほど未来に貢献し得たものになるのかは、今からの私達の取組み
次第です。

　日本には3万件以上の100年企業があります。そのうち最も古いとい
われる企業は宮大工によって成る「金剛組」です。金剛組は西暦578年
に聖徳太子の命により、大阪の四天王寺を建立すべく百済から職人を招
聘して創業されました。創業時に「1000年経ってもなお、四天王寺の
お宮を守る」ことを全員が申し合わせたそうです。つまり、創業時から「出
口戦略」は明確であり、そのためには後継者を育て、変化に耐え得る健
全な財務体質を構築しなければいけません。3万件以上ある100年企業
もまた2度、3度と承継を行い、変化に対応してきた企業です。
　その背景には、それぞれの企業が取り組む事業が社会にとって必要で
あるという確信と、だからこそ事業を継続しなければならないという使
命観があったのだと推察します。事業をWin-Winという売手と買手の
利害・損得の一致にとどめることなく、同時に世間にとっても価値があ
るのかを問うた、近江商人の「三方よし」の経営哲学の深奥はまさにそ
こにあるのです。
　私も学ばせていただいている「高次元経営」の講座の中で、朝三暮四
に出てくる猿は、現在の自分と未来の自分の同一化ができない病気なの
だと教えていただきました。今さえ良ければ、自分さえ良ければそれで
良いという分離思考に基づく近代合理主義が生み出した社会病理です。
　農家の人が厳しい労働に耐えられるのは、その苦役の先に豊かな実り
があることを確信できるからです。裏返せば、今さえ良ければ良いとい
う考えに囚われるのは、未来が豊かであると確信できないからだといえ
ます。ここに後継者不在という問題が起きる要因があります。

後継者不在という問題は「後継者を育てられていない」という問題と表裏一体です。100年企業を評して、単に社歴が長いから良い、悪いというつもりはありませんが、100年以上続いているということは「後継者を育ててきた」という事実に着目する必要はあります。100年、200年と続いた会社を承継する立場の後継者が負う責任の重さを考えると、それだけで重圧に胃が締めつけられる思いがしますし、同時に、その責任に耐え得る人材を育てようとする先代の負う重圧もまた計り知れないでしょう。誰にいわれるでもなく、時間と歴史がその責任を1人ひとりに問うのです。これは単に経営者と後継者という立場の話にとどまらず、2600年の歴史がある日本の国民である私達1人ひとりに同じことを問われているのだと受け止めています。

　中学生の頃、社会の授業で世界の古代文明は「エジプト文明」「メソポタミア文明」「インダス文明」「黄河文明」の4つだと学びました。いわゆる4大文明説です。しかし、4大文明に「縄文文明」を加えて5大文明とする説を唱える歴史家もいるそうです。これらの文明を比較すると、縄文文明には他と違う明らかな特徴があるといいます。それは、縄文文明を育んだ縄文人が「植林」という事業に取り組んでいた点だそうです。火山列島で、どちらかといえば緑が根づきにくかった日本列島の、その大地は、今は豊かな緑に覆われています。先の4大文明の発祥の地の多くが砂漠化している事実とは真逆の現実です。縄文人が取り組んだ植林という事業は、その果実を得るまで長い年月を要します。農家の人が未来の収穫を信じて日々の労働と真摯に向き合うよりも、更に長い時間感覚に基づき、100年後、200年後の子孫のために日々の労働に未来を託したのが縄文人なのです。その知性の高さと、未来に対する使命観、責任観を感じたとき、深い感動と共に「今のままで良いはずがない」という強烈な問題意識を持つのは私だけでしょうか。
　後継者問題は今の日本において、具体的に存在する課題の1つに過ません。しかし、この課題と真剣に向き合わない限り、豊かな未来の創造はないのです。本書を通じ、1人でも多くの問題意識を同じくしてくれ

る人がこの輪に加わってくれることを祈ります。志を同じくしてくれる
方からのご連絡をお待ちしております。

　一般財団法人日本的 M&A 推進財団は竹内日祥様の統合の思想に基づ
くご指導がなければ存在することはありませんでした。また、これまで
厳しく、そして温かく見守り、育て、導いてくださったのは楠本代表と
准子さんです。今私があるのはお二人のおかげです。心から感謝申し上
げます。最後に生育の母への感謝を添えさせていただいて筆を置きます。

著 者 略 歴

■一般財団法人　日本的 M&A 推進財団

　後継者不在により中小企業が経営の継続を断念するという現実を解決するには、士業同士が境界領域を超えたネットワークをつくり、第三者承継の支援をすることが最も近道という考えに基づき、2014年5月に弁護士、税理士、公認会計士、司法書士、社会保険労務士、中小企業診断士、行政書士等の士業を中心とした、一般財団法人日本的M＆A推進財団（旧：一般財団法人M＆Aで日本を再編成する会）を設立。

　一般会員として643名（2022年11月時点）が名を連ね、さらに具体的実務支援を行うことを目指す実務特化会員事務所として86件が全国で支援活動を展開している。また、アドバイザリーとして支援が可能なM&A支援事業者10社が賛助会員として参画し、会員同士のマッチング機会に厚みを増している。

　主な活動としては、会員同士がクライアント同士をマッチングすることはもちろん、より多くの「確かな支援者」を増やすために、士業及び士業事務所職員に対して第三者承継支援実務を習得するための「マッチングクリエイター養成講座」を実施。現在その受講生は300名を超える。

　2021年には士業以外の中小企業に関わる保険代理店やコンサルタント等を対象とした「M&Aプランナー認定研修」を新たに開設。初年度で約30名を輩出し、士業のサポート部隊とした活動がスタートしている。

　本質は関与するクライアントを士業がアドバイザーとなりマッチングすることを目指している。AI時代における士業が、これまでの業務を活かし、かつその業務を超える未来の専門家の在り方を問い続けている。

■白川正芳

　株式会社楠本浩総合会計事務所 代表取締役。一般財団法人日本的M＆A推進財団 理事長。過去のM&A関与件数は300件以上でありながら、戦略人事、コンピテンシー研究・制度設計、相続問題、財務戦略、事業承継、組織再編、社員研修、公益法人を活用した複雑な支援に取り組み、多くのクライアントの支持を集める。

　年間講演50回以上、メルマガ「第三者承継の実践ノウハウ」、ポッドキャスト番組『10分deM＆A戦略』など、幅広く情報を発信。ある一件のM&Aに携わったことがきっかけで、経営者の「清算したい」というニーズに応えることが専門家として必ずしも正しい道ではないことに愕然とすると同時に、中小企業の出口支援は、「税理士をはじめとする士業が専門分野の境界領域を超えたネットワークを構築することによってのみ成し得る」と気付き、一般財団法人日本的M&A推進財団を設立。

　マッチングクリエイター養成講座及びM&Aプランナー認定講座講師。一般財団法人日本相続学会会員。福岡大学経済学部ベンチャー起業論　非常勤講師。

書式ダウンロード特典利用方法

本書の資料編に収録している17の書式のデータは、下記の手順でダウンロードのうえ、ご利用いただくことができます。データのダウンロードに必要な環境等をご確認のうえ、ご利用ください。

手順❶

日本法令のホームページ（https://www.horei.co.jp/）にアクセスし、上部中央にある「商品情報（法令ガイド）」をクリックします。

手順❷

右下の「出版書」のコーナーの、「購入者特典：書籍コンテンツ付録データ」の文字をクリックします。

手順❸

ご利用いただけるファイルの一覧が表示されますので、お使いのものを選んでファイルを開くか、またはデータを保存のうえご利用ください。

ダウンロードするデータのファイルごとにパスワードが設定されています。
ファイルを開こうとするとパスワードの入力を求められますので、
「**ma2023**」を入力して開いてください。

【ソフトウェア要件・ハードウェア要件】
●ソフトウェア
　OS環境：Windows7日本語版/8日本語版/10日本語版
　ブラウザー：Microsoft Edge、Google Chrome
　Microsoft Word 2007、2010、2013、2019
　Microsoft Excel 2007、2010、2013、2019
●ハードウェア
　上記OSおよびハードウェア環境
　作成印刷する書式の用紙サイズに対応したプリンタ

【使用承諾】
本書一本書の各種データを使用することによって、何らかの損害やトラブルがパソコンおよび周辺機器、インストール済みのソフトウェアなどに生じた場合でも、著者および版元は一切の責任を負うものではありません。このことは、各種ファイルのダウンロードを選択した際のメッセージが表示されたときに「開く（O）」または「保存する（S）」を選択した時点で承諾したものとします。

第三者承継の教科書　　　　　　　令和5年2月1日　初版発行
～中小企業の新しい選択肢　　　　令和5年3月20日　初版2刷

〒101-0032
東京都千代田区岩本町1丁目2番19号
https://www.horei.co.jp/

検印省略

著　　者　白　川　正　芳
発 行 者　青　木　健　次
編 集 者　岩　倉　春　光
印 刷 所　日本制作センター
製 本 所　国　宝　社

（営　業）　TEL　03-6858-6967　　Eメール　syuppan@horei.co.jp
（通　販）　TEL　03-6858-6966　　Eメール　book.order@horei.co.jp
（編　集）　FAX　03-6858-6957　　Eメール　tankoubon@horei.co.jp

（オンラインショップ）https://www.horei.co.jp/iec/
（お 詫 び と 訂 正）https://www.horei.co.jp/book/owabi.shtml
（書 籍 の 追 加 情 報）https://www.horei.co.jp/book/osirasebook.shtml

※万一、本書の内容に誤記等が判明した場合には、上記「お詫びと訂正」に最新情報を掲載し
ております。ホームページに掲載されていない内容につきましては、FAXまたはEメールで
編集までお問合せください。

2022年、リニューアルオープン!!

税理士業務、企業実務に役立つ情報提供Webサービス

税理士情報サイト

Tax Accountant Information Site

https://www.horei.co.jp/zjs/

税理士情報サイトとは

「業務に役立つ情報を少しでも早く入手したい」
「業務で使える規定や書式を手軽にダウンロードしたい」
「日本法令の商品・セミナーを割引価格で利用したい」
などといった税理士の方のニーズにお応えする、
"信頼"と"実績"の総合Webサービスです。

税理士情報サイト
Tax Accountant Information Site

税理士情報サイトの

1 税理士業務書式文例集

税理士事務所の運営に必要な業務書式はもちろん、関与先企業の法人化の際に必要となる定款・議事録文例、就業規則等各種社内規程、その他税務署提出書式まで、約500種類の書式が、編集・入力が簡単なWord・Excel・Text形式で幅広く収録されています。

●主な収録書式
各種案内・挨拶文例／業務処理書式／決算処理書式／税務署提出書式／労務書式／身元保証書等書式／取締役会議事録／株主総会議事録／売買契約書文例／賃貸借・使用貸借契約書文例／金銭消費貸借契約書文例／税理士法人関係書式／会計参与関係書式 ほか多数

2 ビジネス書式・文例集

企業の実務に必要となる書式、官庁への各種申請・届出様式、ビジネス文書、契約書等、2,000以上の書式・文例をWEB上でダウンロードすることができます（Microsoft Word・Microsoft Excel・PDF形式）。

●主な収録書式
社内外で必要とされるビジネス文書約600文例／契約書270文例／内容証明約470文例／会社規定19文例／各種申請書約800書式

3 電子書籍の無料提供

税理士にとって日頃の情報収集は必要不可欠。そこで、税理士情報サイトの有料会員向けに、年間に数冊、日本法令発刊の税理士向け書籍のWEB版（PDFファイル形式）を無料提供します。

4 ビジネスガイドWEB版

会社の総務・経理・人事で必要となる企業実務をテーマとした雑誌「月刊ビジネスガイド」のWEB版を無料で購読できます。

https://www.horei.co.jp/zjs/

お役立ちコンテンツ

5 税理士向け動画セミナー

無料会員向けの「セレクト動画」、有料会員向けの「プレミア動画」で、著名な税理士、弁護士、学者やその道のプロが、タイムリーなテーマを深く掘り下げてレクチャーします。いつでも時間が空いた時に視聴可能です。

6 税制改正情報ナビ

毎年度の税制改正に関する情報を整理し、詳しく解説します。税制改正に関する日々のニュース記事の配信と、日本法令刊『よくわかる税制改正と実務の徹底対策』WEB版、さらにはその著者による詳細な解説動画で、いち早く今年度改正の要点を押さえましょう！

7 税務判決・裁決例アーカイブ

税理士業務遂行上、さまざまな税務判断の場面で役立てたいのが過去の税務判決・裁決例。ただ、どの事例がどこにあるのか、探すのはなかなか一苦労だし、イチから読むのは時間がかかる…。そこで、このアーカイブでは「キーワード検索」と「サマリー」を駆使することで、参照したい判決・裁決例をピンポイントで探し出し、スピーディーに理解することが可能となります。

8 モデルフォーム集

税理士業務におけるチェック漏れによるミスを未然に防ぐため、さまざまな税務のチェック表、確認表、チェックリストほか、日常業務で活用できるオリジナルのモデルフォーマットを提示します。

9 弊社商品の割引販売

日本法令が制作・販売する書籍、雑誌、セミナー、DVD商品、様式などのすべての商品・サービスをZJS会員特別価格〈2割引き〉で購入できます。高額な商品ほど割引額が高く、お得です！

税理士情報サイト
Tax Accountant Information Site